The Enschedé Catalog

OF

TYPOGRAPHIC BORDERS
AND ORNAMENTS

The Enschedé Catalog

OF

TYPOGRAPHIC BORDERS
AND ORNAMENTS

An Unabridged Reprint of the Classic 1891 Edition

Joh. Enschedé and Sons

Dover Publications, Inc., New York

Published in Canada by
General Publishing Company, Ltd.,
30 Lesmill Road, Don Mills, Toronto, Ontario.
Published in the United Kingdom by
Constable and Company, Ltd.,
10 Orange Street, London WC2H 7EG.

This Dover edition, first published in 1986, is a
republication of the work *Letterproef/van Joh. Enschedé
en Zonen/Lettergieterij te Haarlem/Deel III./Ornamenten*
(Typographic Catalog of Joh. Enschedé and Sons, Type
Foundry in Haarlem. Part III: Ornaments), as
published by the Enschedé firm in 1891. All of the
plates are included; omitted are: the original (Dutch)
title page, table of contents, publisher's note and
information about ordering from the catalog. A new
English publisher's note, prepared specially for the
present edition, summarizes all the significant
information contained in the omitted sections.
A number of plates appeared in color in the
original edition.

Manufactured in the United States of America
Dover Publications, Inc., 31 East 2nd Street,
Mineola, N.Y. 11501

**Library of Congress
Cataloging-in-Publication Data**

Letterproef van Joh. Enschedé en Zonen,
lettergieterij te Haarlem. d. 3. English.
The Enschedé catalog of
typographic borders and ornaments.

Reprint of the plates from pt. 3, Ornamenten, of
Letterproef van Joh. Enschedé en Zonen, lettergieterij
te Haarlem, published in 1891 by Joh. Enschedé en
Zonen, Haarlem with new introd.
1. Type ornaments. 2. Borders, Ornamental
(Decorative arts) I. Joh. Enschedé en Zonen. II. Title.
Z250.3.L4713   1986   686.2'24   86-8911
ISBN 0-486-25172-1

Publisher's Note

The prestigious typefounding and printing company Joh. Enschedé en Zonen [and Sons] in Haarlem, Netherlands, still "the peer of any firm in the world" (S. H. Steinberg in *Five Hundred Years of Printing*), was established in 1703 by Isaac Enschedé (1682–1762). The most famous member of the family was the first Johannes Enschedé (1708–1780), who expanded the company and its type holdings and preserved dies and matrices dating back as far as the fifteenth century. It was in his time, in 1771, that the firm acquired its permanent name. Proceeding from strength to strength, the company started printing Dutch government banknotes in 1814 and postage stamps in 1866. In the twentieth century it has been involved in numerous artistic ventures.

Late in the nineteenth century, at the zenith of its fame and fortunes, the Enschedé company issued a catalog in three parts: standard alphabets, fancy alphabets (1889) and type ornaments (1891). It is this third part that is here reprinted in its entirety. The original publisher's note to the ornament volume stated that the catalog was as complete as possible, including even the pre-1800 material that was not geared to the modern system of point sizes. There was an apology for the unavoidable breaking up of some of the categories in the course of production (e.g., compound systematic ornaments appear in three separate parts of the book), and a statement to the effect that the volume was not intended to be a work of art, but was merely meant to tell potential customers what was available and provide examples of how the ornaments could be used in conjunction with one another and with appropriate lettering. (The modern reader is more likely to be overwhelmed by the attractiveness of the page layouts than to experience any esthetic disappointment!) The price list was a separate publication.

The wealth of small ornaments, borders, corners, rules, sample title pages, sample needlework paterns (etc., etc.) is arranged as follows (for the convenience of the historically minded reader, the original plate numbering and sequence are completely unchanged):

Simple systematic (= in point sizes) ornaments [Systematische Ornamenten (enkelvoudige)] *Plates 3–32*

Compound systematic ornaments [Systematische Ornamenten (samengestelde)] *Plates 33–68, 125–137, 145–148*

Ornaments for color printing [Ornamenten voor kleurendruk] *Plates 69–72, 141–144*

Old-fashioned ornaments, pre-1800 [Ouderwetsche Ornamenten, gegraveerd vóór 1800] *Plates 73–77*

Old-fashioned Ornaments, post-1800 [Ouderwetsche Ornamenten, gegraveerd na 1800] *Plates 78–112, 137–140*

One-piece ornaments [Ornamenten aan één stuk] *Plates 113–124*

Corners [Hoeken] *Plates 149–156*

Calligraphic Ornaments [Titeltrekken] *Plates 157–160*

Rules and tailpieces [Filets en Sluitstukken] *Plates 161–176*

Headpieces [Hoofdlijsten] *Plates 177–182*

In the present edition, the plate pages have been left absolutely intact, except that new plate numbers have replaced the original numbering system, which consisted of a very small "Dl. III. Bl. 3 (4, 5, etc.)" at the foot of the pages. A number of pages that included color in the original edition (especially 69–72 and 141–144) appear here in black and white.

Following are glosses on the most significant Dutch headings and terms other than those already listed above:

Afsluitstukken = framing elements
Haak- en Borduurpatronen enz. = patterns
   for crochet and embroidery, etc.
Middenstukken = center elements
op . . . Punten = in . . . point
Serie = series

The Enschedé Catalog

OF

TYPOGRAPHIC BORDERS
AND ORNAMENTS

Systematische Ornamenten op 5 Punten

Lettergieterij Joh. Enschedé & Zonen te Haarlem

Systematische Ornamenten

op 6 Punten

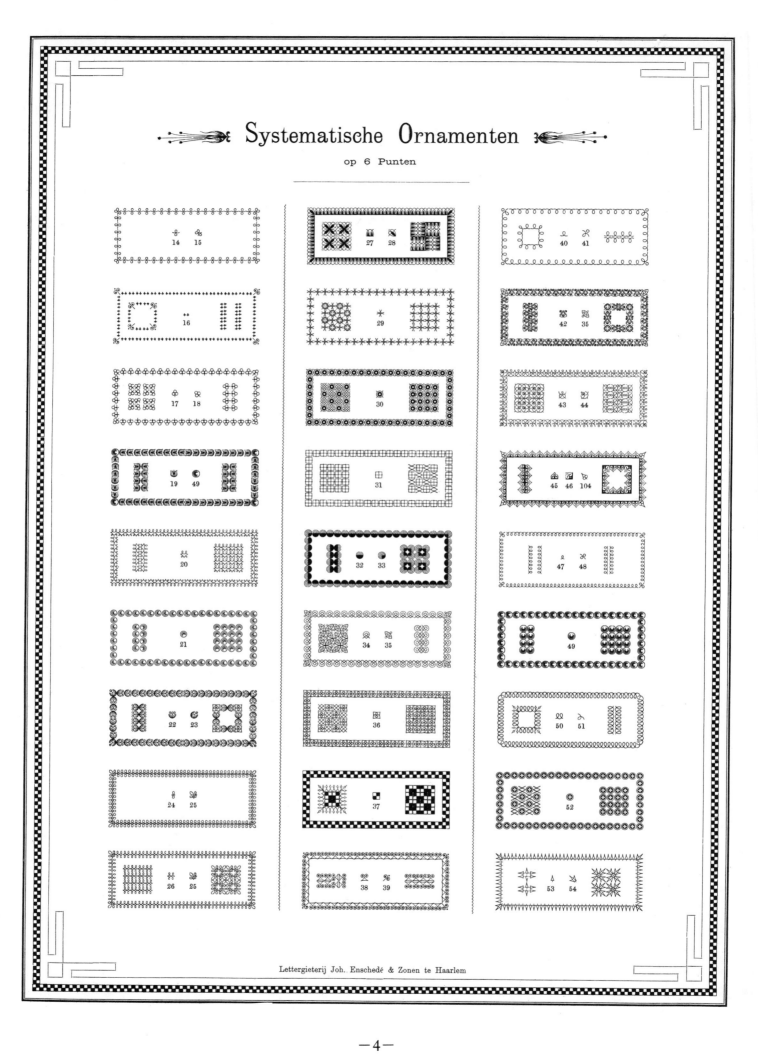

Systematische Ornamenten

op 6 Punten

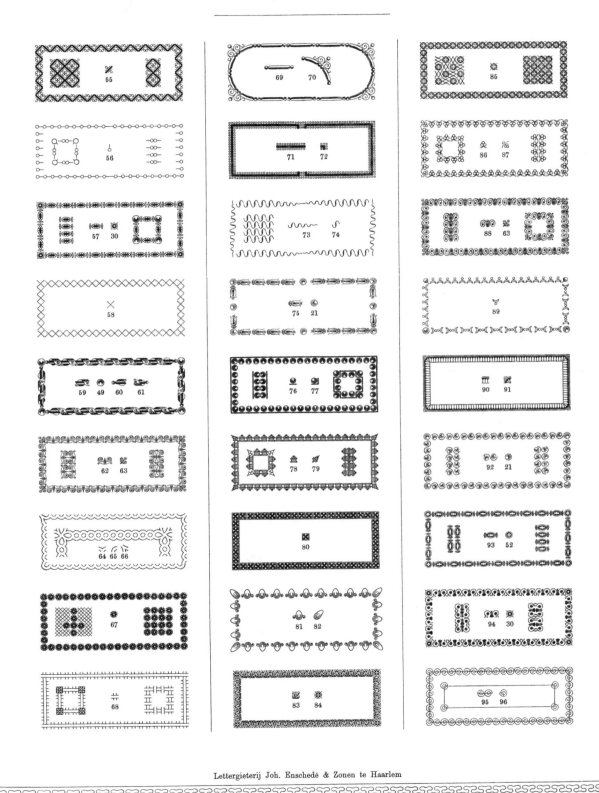

Lettergieterij Joh. Enschedé & Zonen te Haarlem

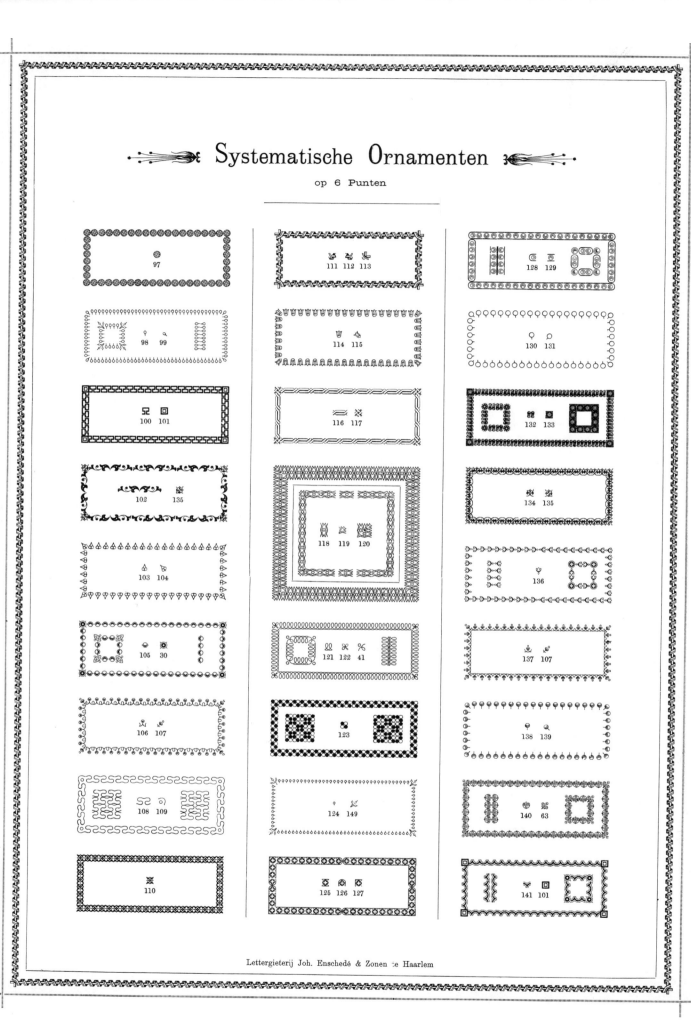

Systematische Ornamenten

op 6 Punten

Lettergieterij Joh. Enschedé & Zonen te Haarlem

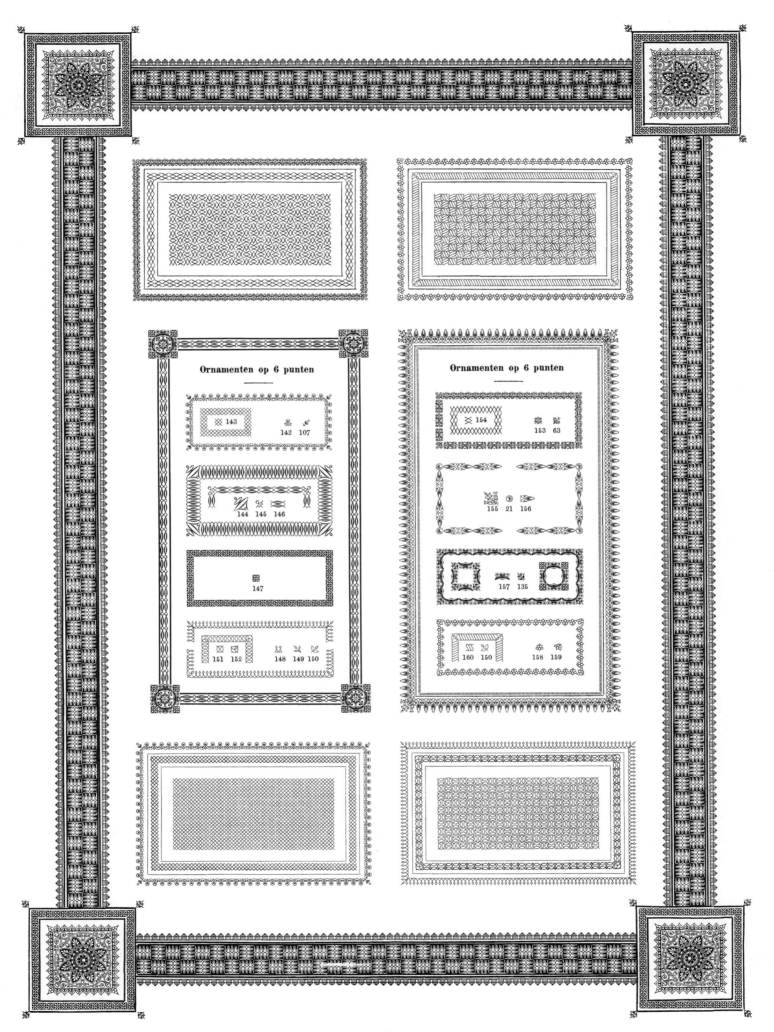

Ornamenten op 6 punten

143 142 107

144 145 146

147

151 152 148 149 150

Ornamenten op 6 punten

154 153 63

155 21 156

157 135

160 150 158 159

Systematische Ornamenten

op 6 Punten

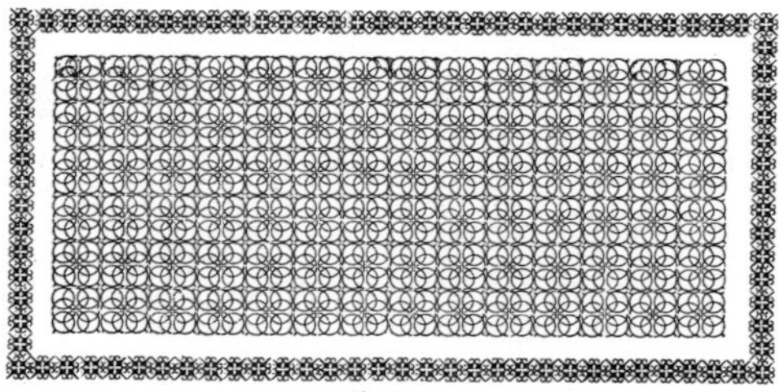

152

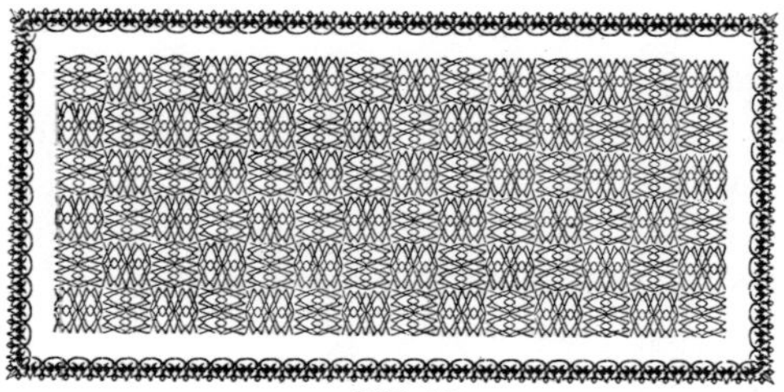

118

161

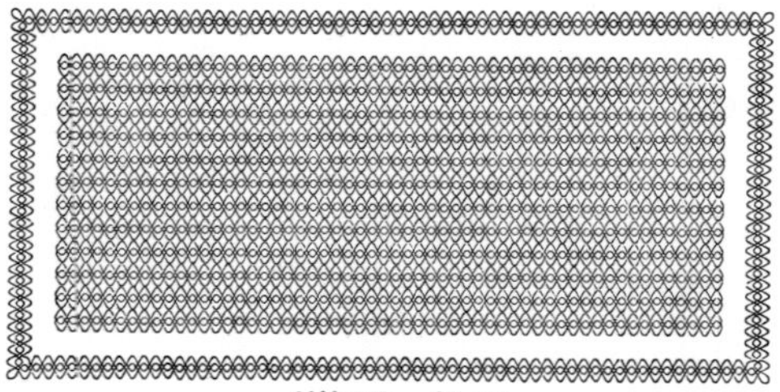

163 162

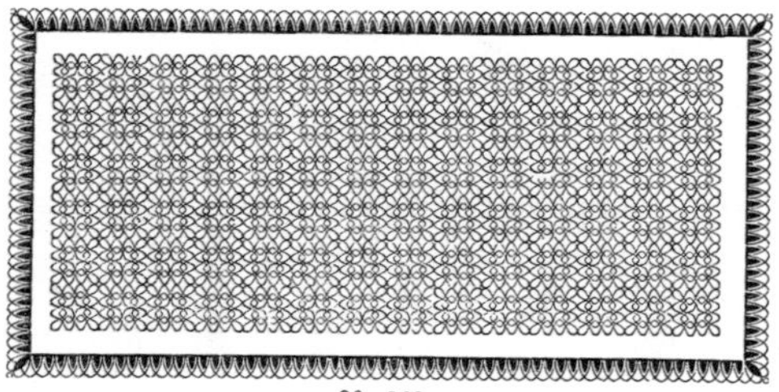

162

119

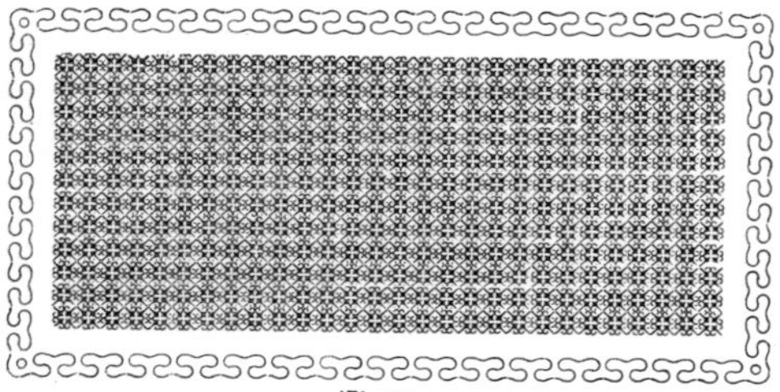

84

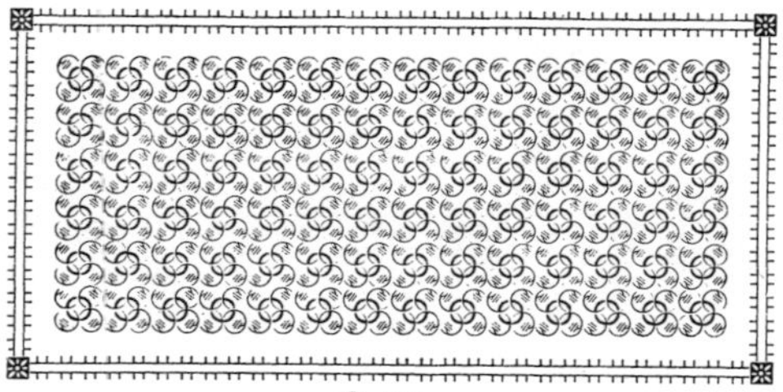

164

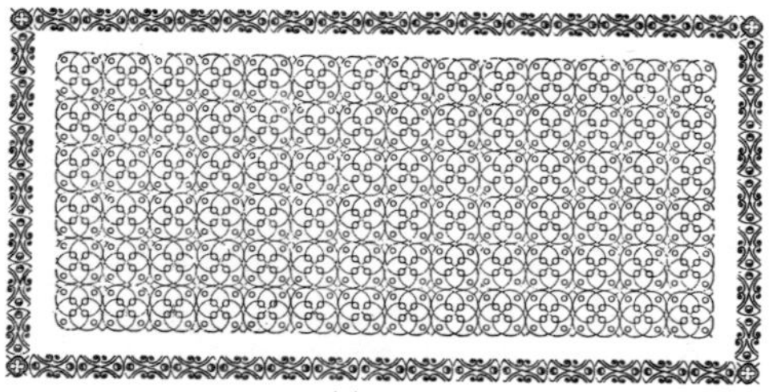

150

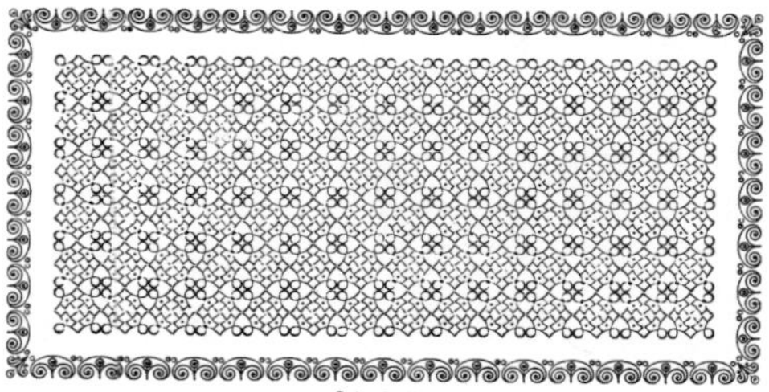

145

Systematische Ornamenten op 6 Punten

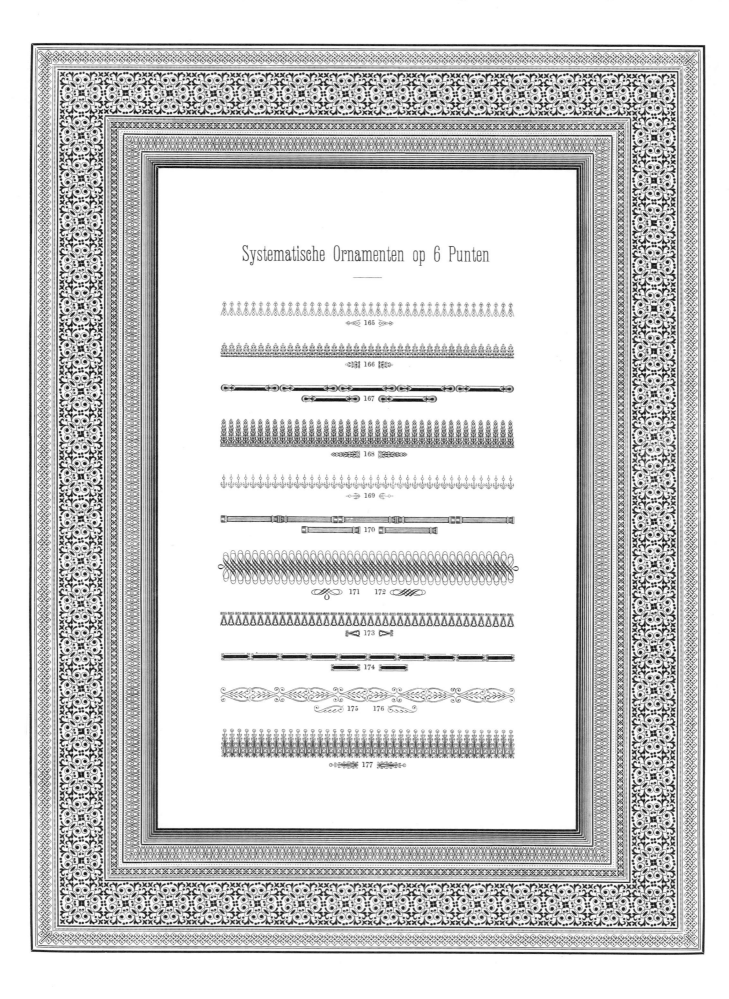

Systematische Ornamenten op 10 Punten

178 179 180

181

182

183

184

185

186 187

188 189

190

191

192

193 194 195

196

197 198

199 200

201 202

Joh. Enschedé & Zonen te Haarlem

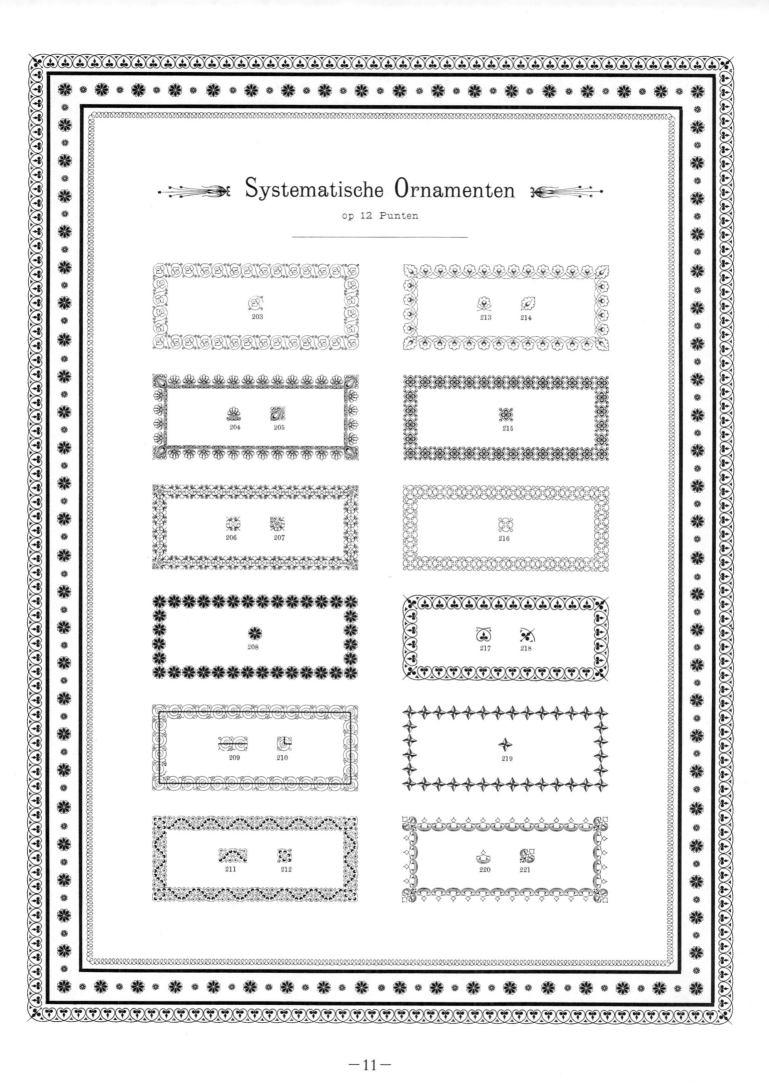

Systematische Ornamenten

op 12 Punten

Systematische Ornamenten

op 12 Punten

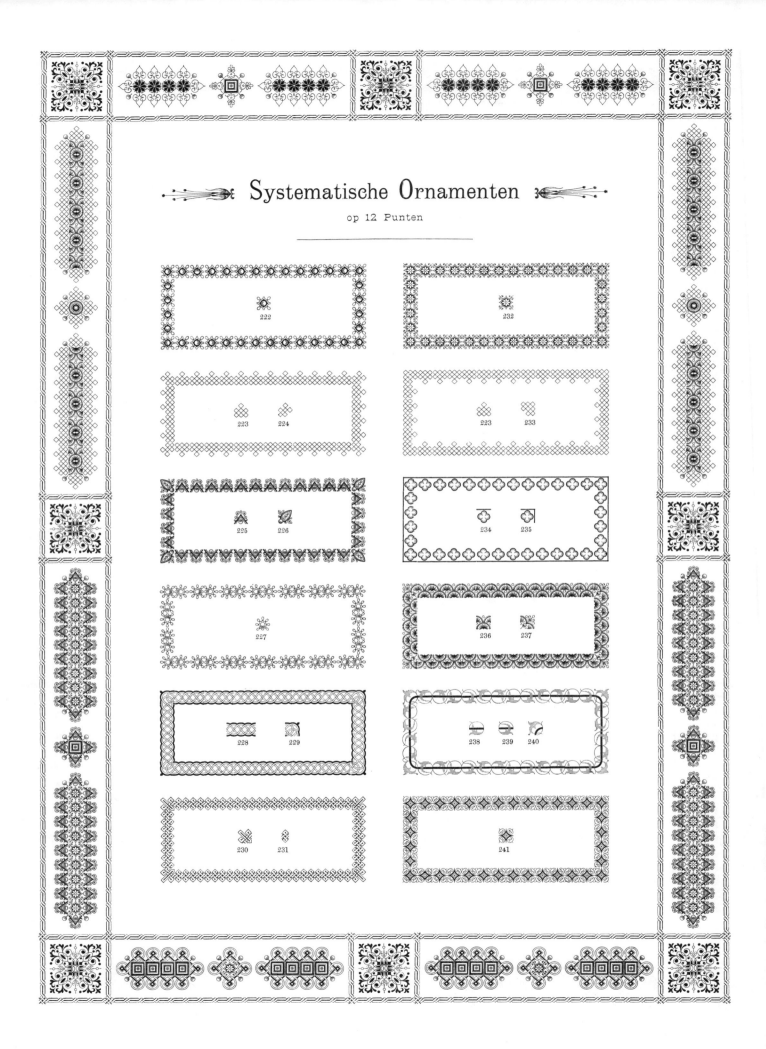

Systematische Ornamenten

op 12 Punten

Systematische Ornamenten

op 12 Punten

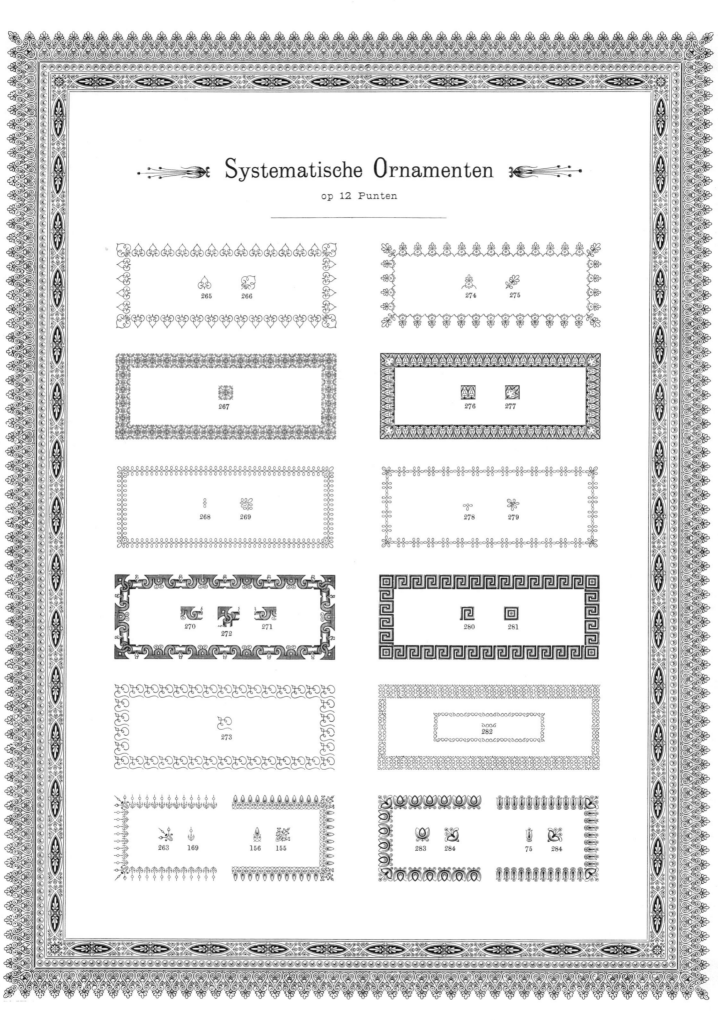

Systematische Ornamenten

op 12 Punten

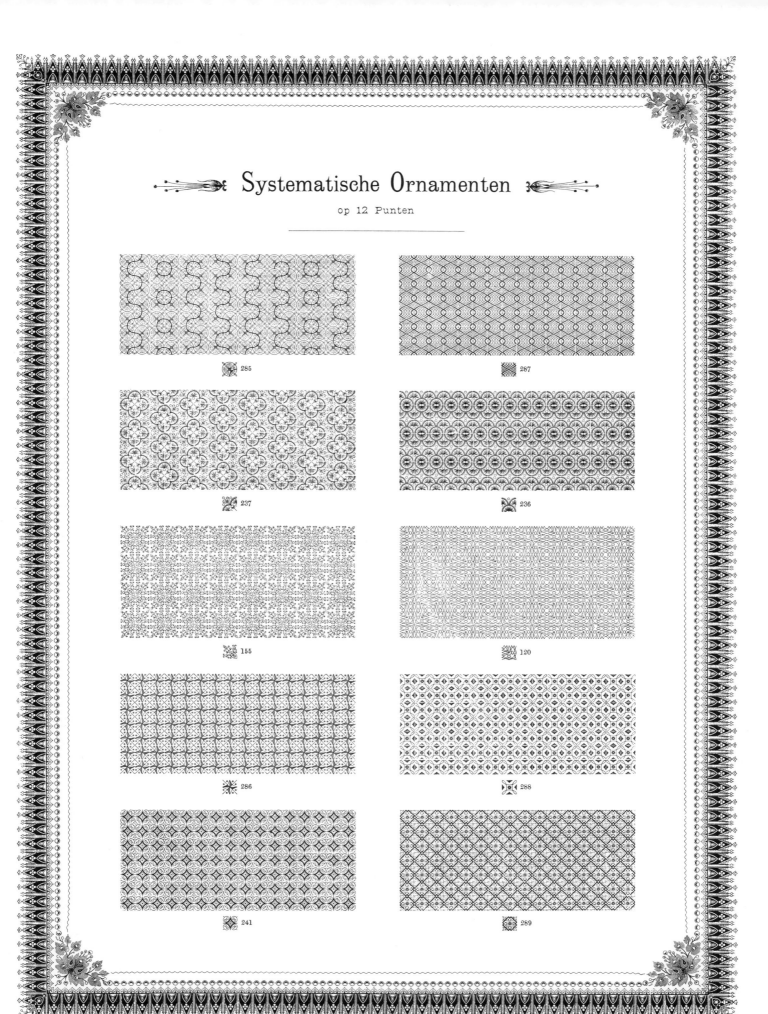

285

287

237

236

155

120

286

288

241

289

Systematische Ornamenten

op 12 Punten

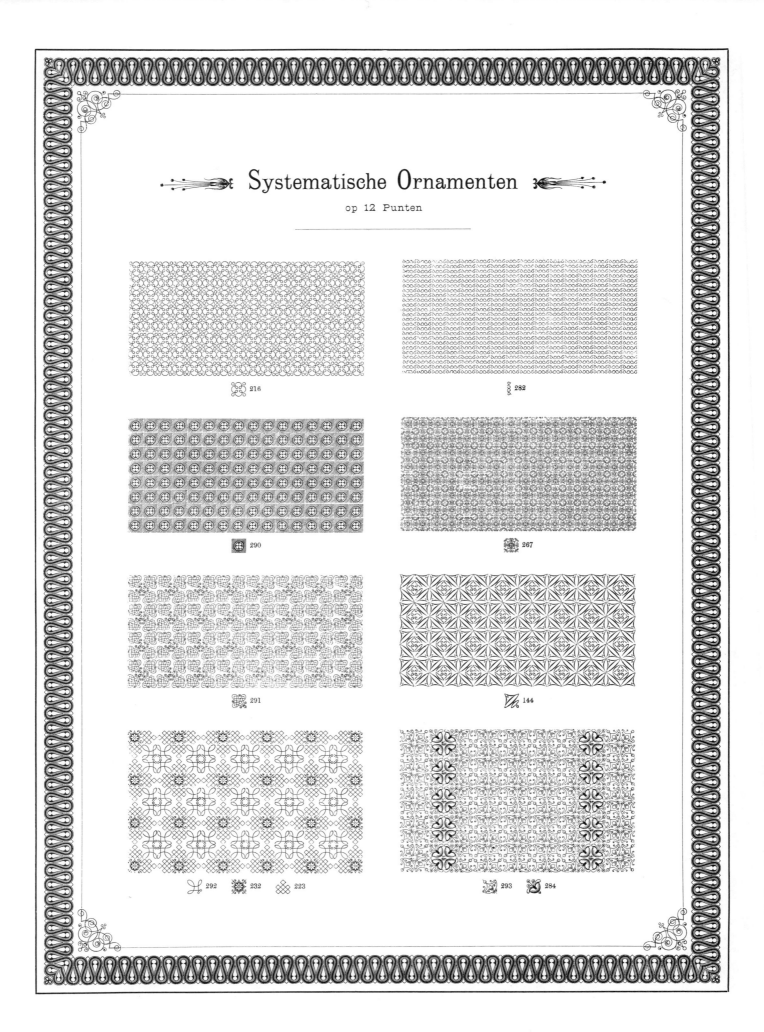

216

282

290

267

291

144

292 232 223

293 284

Systematische Ornamenten op 15 Punten

294   295   296   297

298   299

300   301

302   303   304   305

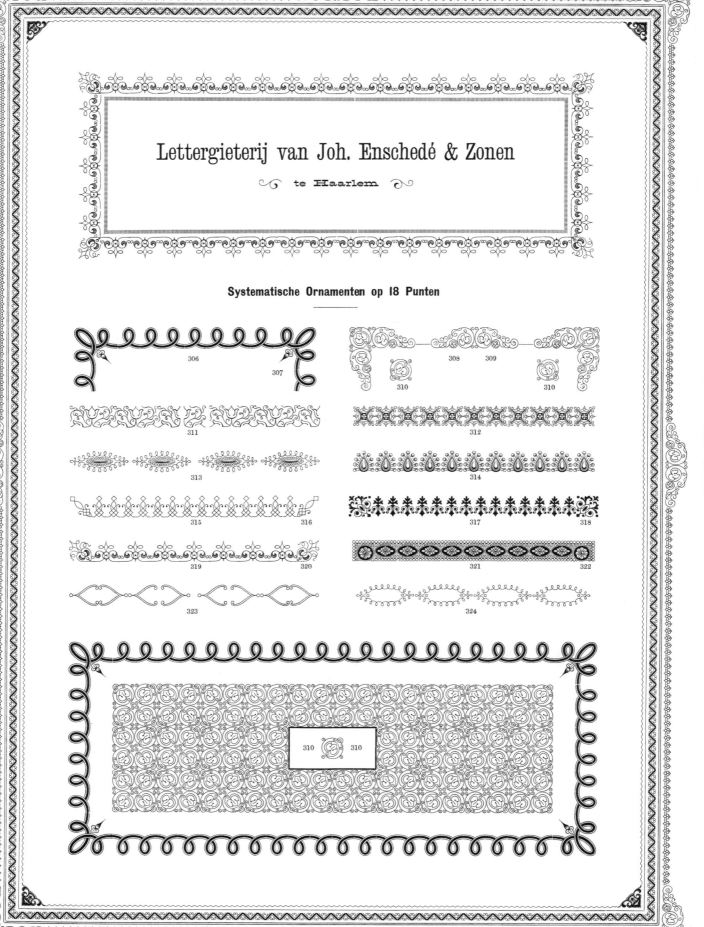

Lettergieterij van Joh. Enschedé & Zonen

te Haarlem

Systematische Ornamenten op 18 Punten

306

307

308 309

310 310

311

312

313

314

315 316

317 318

319 320

321 322

323

324

310 310

SYSTEMATISCHE ORNAMENTEN

JOH. ENSCHEDÉ & ZONEN

HAARLEM

Op 18 Punten

Systematische Ornamenten

op 20 Punten

325   326   327

328

329   330   .331

332   333

334   335   336

337

338   339   340

341

343   342   344

345   346

347

348   349   350

Lettergieterij Joh. Enschedé & Zonen te Haarlem

LETTERGIETERIJ

JOH. ENSCHEDÉ & ZONEN

TE HAARLEM

Systematische Ornamenten op 20 Punten

351 352

353 354

355 356

357

341 347

358 359 360 361 362 358

Systematische Ornamenten

op 24 Punten

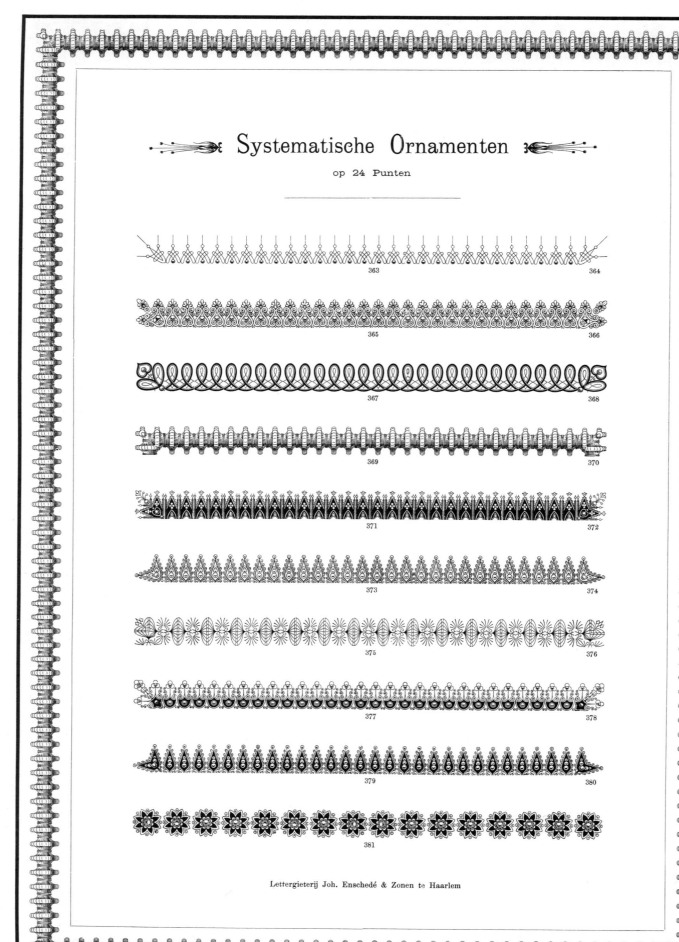

363 364

365 366

367 368

369 370

371 372

373 374

375 376

377 378

379 380

381

Lettergieterij Joh. Enschedé & Zonen te Haarlem

Systematische Ornamenten

op 24 Punten

382   383

384   385

386   387   388

389   390

391

392   393

394   395

396   397

398   399

400   401

Lettergieterij Joh. Enschedé & Zonen te Haarlem

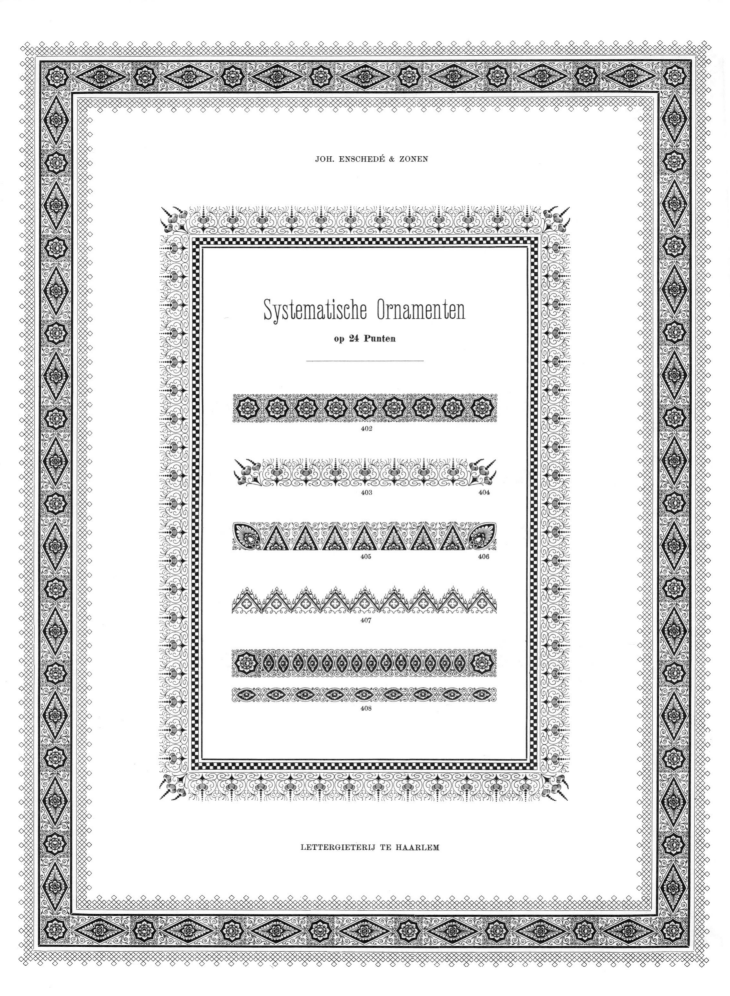

Systematische Ornamenten

op 24 Punten

402

403 404

405 406

407

408

Systematische Ornamenten op 24 punten

409   263

382   241

408   232

410   411   284

412

Lettergieterij Joh. Enschedé & Zonen te Haarlem

413

414   414

415

416   417

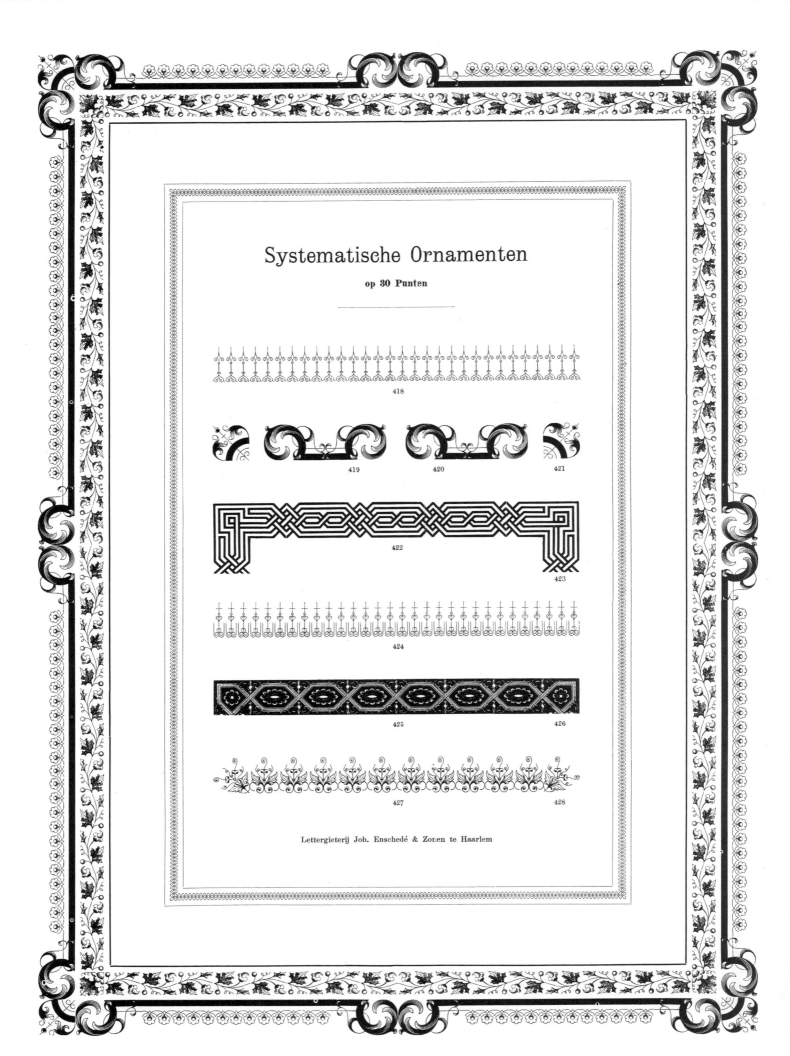

Systematische Ornamenten

op 30 Punten

418

419   420   421

422

423

424

425   426

427   428

Lettergieterij Joh. Enschedé & Zonen te Haarlem

Joh. Enschedé & Zonen te Haarlem

Lettergieterij

Systematische Ornamenten op 30 Punten

429

430

431   432

433   434

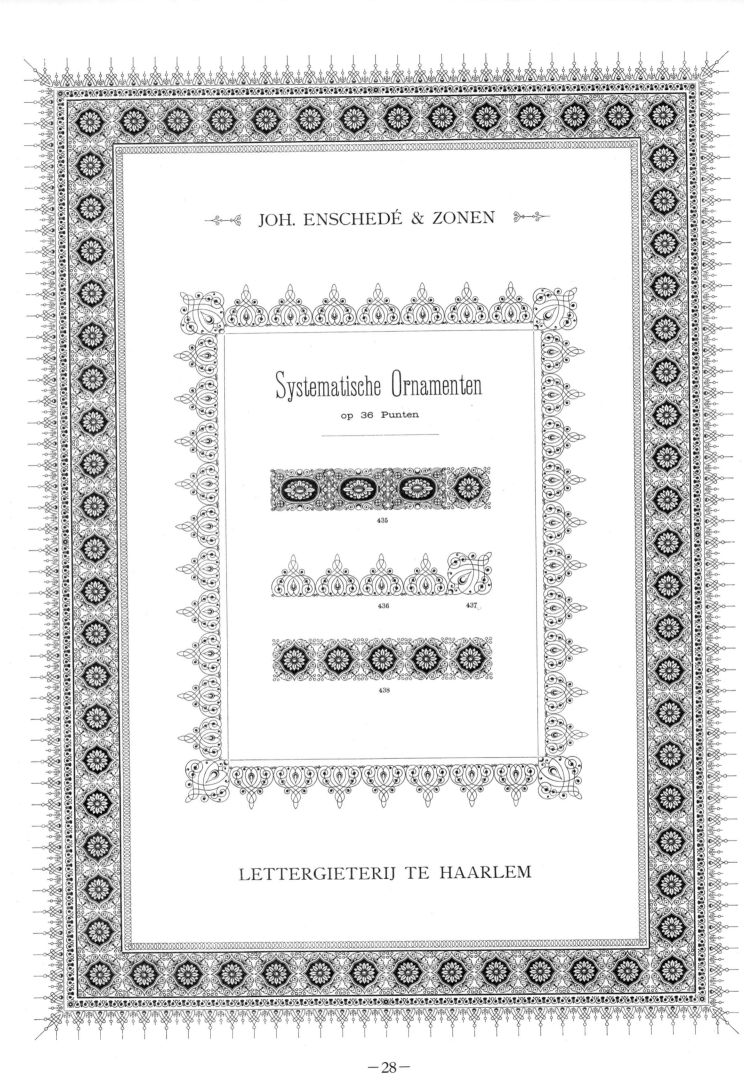

JOH. ENSCHEDÉ & ZONEN

Systematische Ornamenten

op 36 Punten

435

436   437

438

LETTERGIETERIJ TE HAARLEM

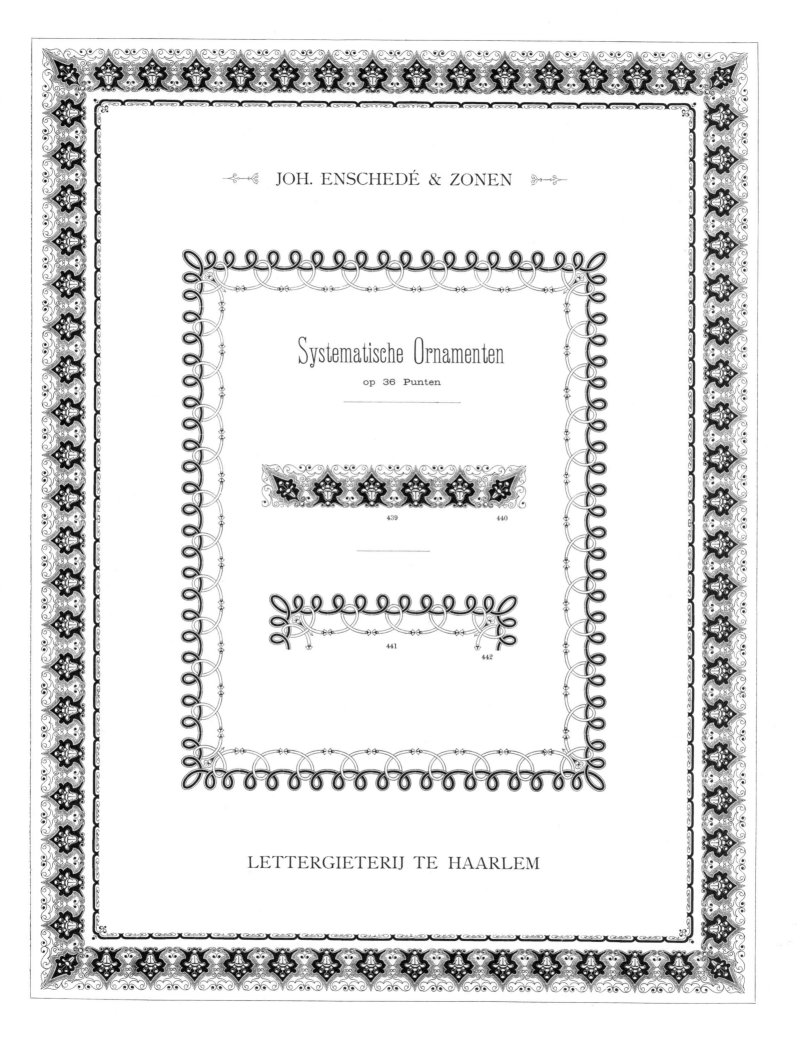

JOH. ENSCHEDÉ & ZONEN

Systematische Ornamenten

op 36 Punten

439 440

441 442

LETTERGIETERIJ TE HAARLEM

Systematische Ornamenten op 48 Punten

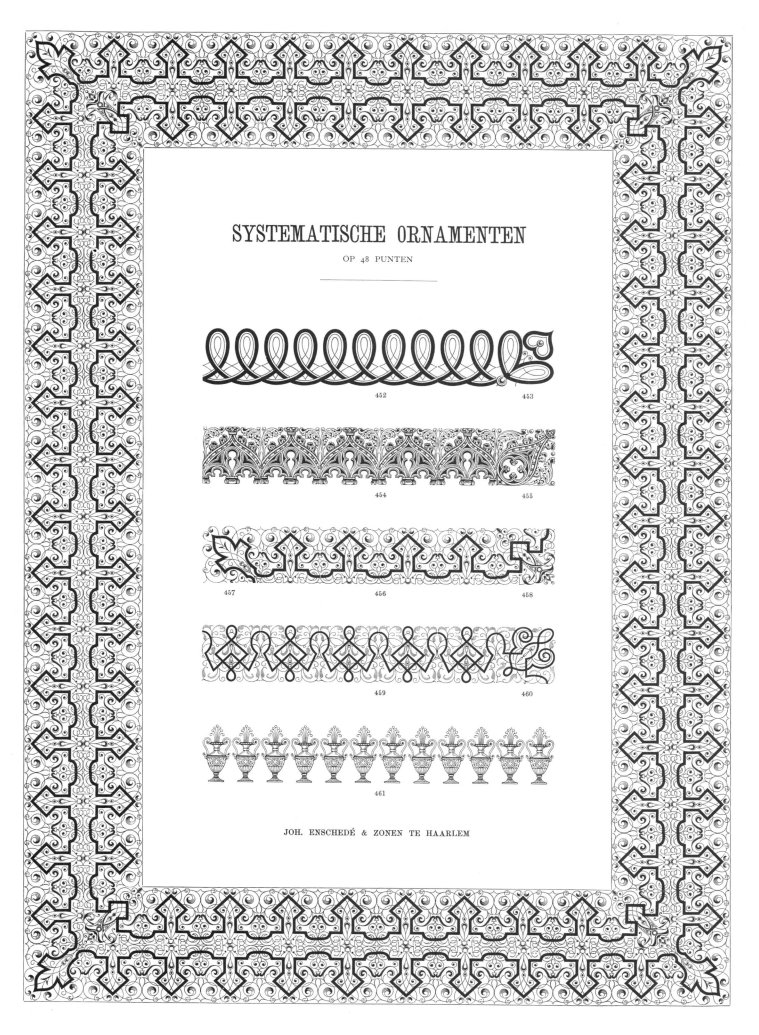

SYSTEMATISCHE ORNAMENTEN

OP 48 PUNTEN

452   453

454   455

457   456   458

459   460

461

JOH. ENSCHEDÉ & ZONEN TE HAARLEM

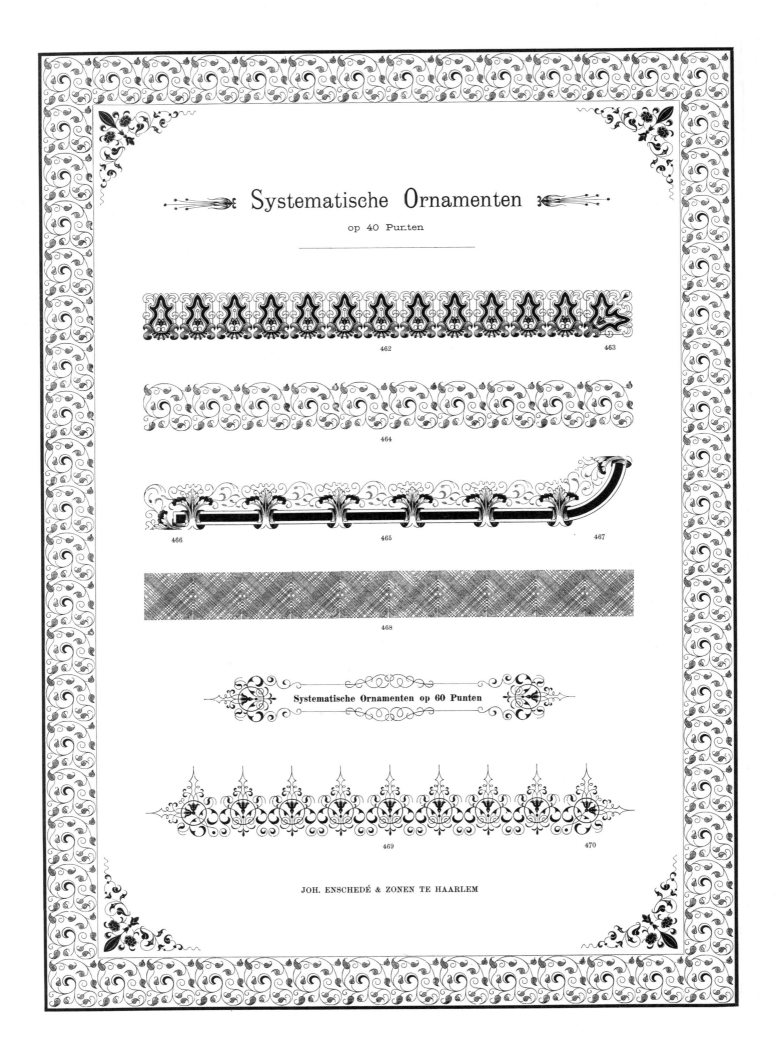

Systematische Ornamenten

op 40 Punten

462   463

464

466   465   467

468

Systematische Ornamenten op 60 Punten

469   470

JOH. ENSCHEDÉ & ZONEN TE HAARLEM

SYSTEMATISCHE ORNAMENTEN

LETTERGIETERIJ JOH. ENSCHEDÉ & ZONEN

Samengestelde Serien

Systematische Ornamenten

Joh. Enschedé & Zonen te Haarlem

Lettergieterij

Serie 1

471   472   473   474

Serie 2

475

476   477   478

Serie 3

479

480   481   482

SYSTEMATISCHE ORNAMENTEN

JOH. ENSCHEDÉ & ZONEN TE HAARLEM

LETTERGIETERIJ

Serie 4

483   484   485   486

Serie 5

487   488   489   490

SYSTEMATISCHE ORNAMENTEN

Serie 6   Serie 7

491

493

492   494
        495   496

JOH. ENSCHEDÉ & ZONEN TE HAARLEM

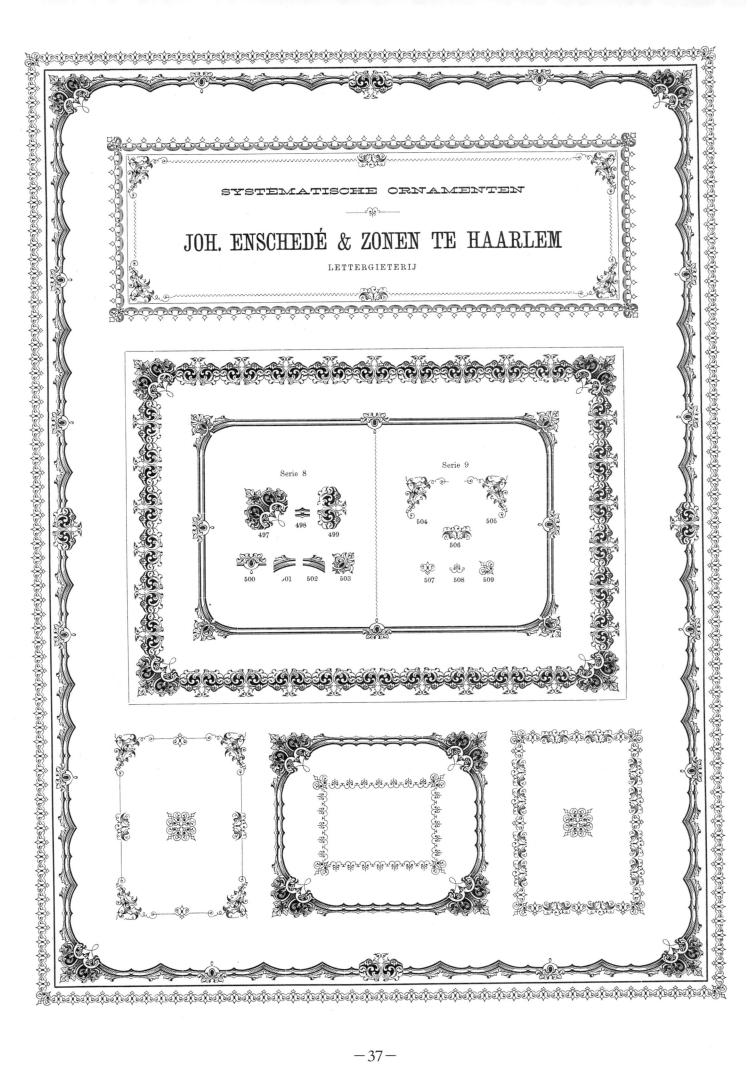

SYSTEMATISCHE ORNAMENTEN

JOH. ENSCHEDÉ & ZONEN TE HAARLEM

LETTERGIETERIJ

Serie 8

497   498   499

500   501   502   503

Serie 9

504   505

506

507   508   509

Serie 10

510

511 513 512

514 515 516

SYSTEMATISCHE ORNAMENTEN

Joh. Enschedé & Zonen

Lettergieterij te Haarlem

Serie 11   Serie 12

517 518 519   520 521 522

320   523 524 525 526 527

JOH. ENSCHEDÉ & ZONEN

SYSTEMATISCHE ORNAMENTEN

LETTERGIETERIJ TE HAARLEM

Serie 13

528 529

530

531 532

Serie 14

533 534 535

536 537

Systematische Ornamenten

Serie 15

538   540   539

541   542

Joh. Enschedé & Zonen te Haarlem

Systematische Ornamenten

Serie 16

543   544   545   546   547

548   549   550

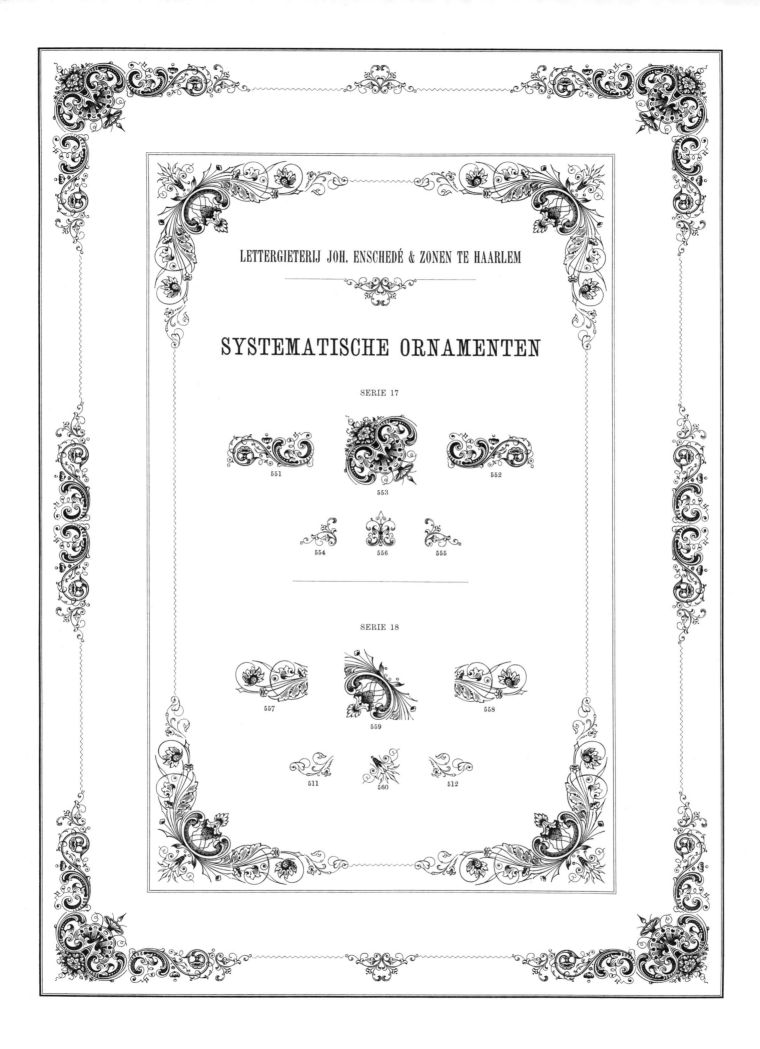

LETTERGIETERIJ JOH. ENSCHEDÉ & ZONEN TE HAARLEM

SYSTEMATISCHE ORNAMENTEN

SERIE 17

551 553 552

554 556 555

SERIE 18

557 559 558

511 560 512

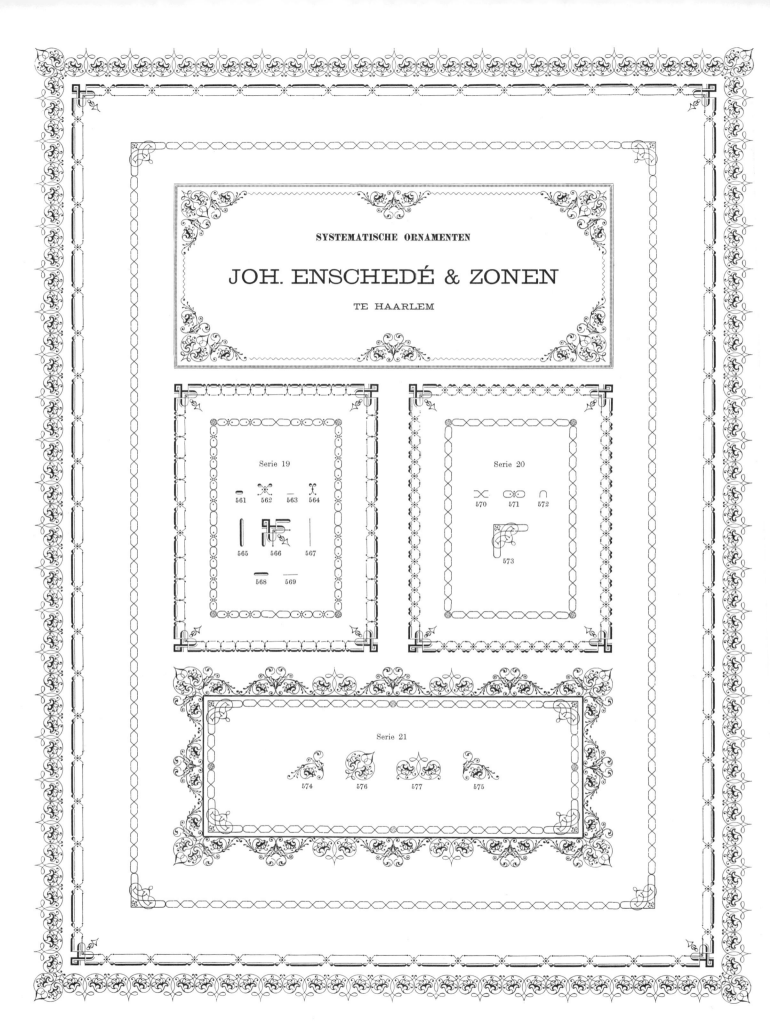

SYSTEMATISCHE ORNAMENTEN

JOH. ENSCHEDÉ & ZONEN

TE HAARLEM

Serie 19

561 562 563 564

565 566 567

568 569

Serie 20

570 571 572

573

Serie 21

574 576 577 575

SYSTEMATISCHE ORNAMENTEN

JOH. ENSCHEDÉ & ZONEN

LETTERGIETERIJ TE HAARLEM

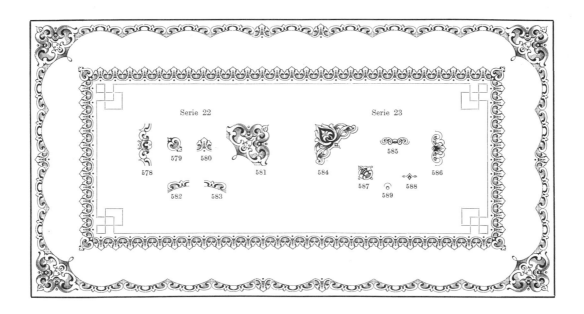

Serie 22   Serie 23

578   579   580   581   584   585   586   587   588   589   582   583

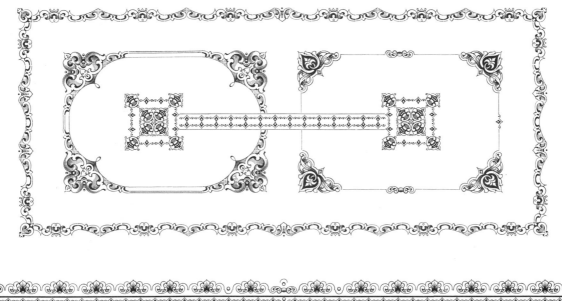

Joh. Enschedé en Zonen

Lettergieterij te Haarlem

Systematische Ornamenten

Serie 24

590 170 591 592 593 594 595 596

597 598 599 600 601 602

603 604 605 606 607 608 609 610

611

Serie 25

612 613 614 615

SYSTEMATISCHE
ORNAMENTEN
SERIE 26

JOH. ENSCHEDÉ & ZONEN
TE HAARLEM

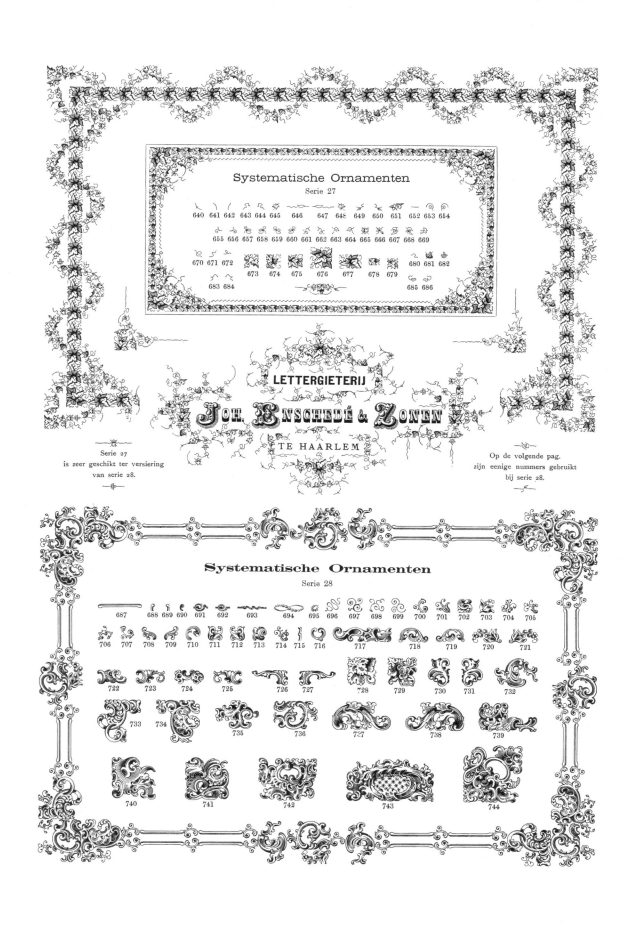

Systematische Ornamenten
Serie 27

640 641 642 643 644 645 646 647 648 649 650 651 652 653 654

655 656 657 658 659 660 661 662 663 664 665 666 667 668 669

670 671 672 673 674 675 676 677 678 679 680 681 682

683 684 685 686

LETTERGIETERIJ

Joh. Enschedé & Zonen

TE HAARLEM

Serie 27
is zeer geschikt ter versiering
van serie 28.

Op de volgende pag.
zijn eenige nummers gebruikt
bij serie 28.

Systematische Ornamenten
Serie 28

687 688 689 690 691 692 693 694 695 696 697 698 699 700 701 702 703 704 705

706 707 708 709 710 711 712 713 714 715 716 717 718 719 720 721

722 723 724 725 726 727 728 729 730 731 732

733 734 735 736 737 738 739

740 741 742 743 744

Serie Z 28

Systematische Ornamenten

Joh. Enschedé & Zonen

Lettergieterij te Haarlem

Joh. Enschedé & Zonen te Haarlem

SYSTEMATISCHE

ORNAMENTEN

SERIE 29ᵃ

Van de ornamenten dezer serie vormen de nummers 745 tot 803 en de nummers 804 tot 883 ook ieder op zich zelven een geheel, zooals in enkele voorbeelden op deze pagina's wordt aangetoond.

SYSTEMATISCHE ORNAMENTEN

Serie 30

884   885   886   887   888   889

Lettergieterij Joh. Enschedé & Zonen te Haarlem

Systematische Ornamenten

Serie 31

890 891 892 893 894

895 896

897 898 899

Joh. Enschedé & Zonen te Haarlem

SYSTEMATISCHE ORNAMENTEN

VAN

JOH. ENSCHEDÉ & ZONEN

LETTERGIETERIJ

TE HAARLEM

Serie 32

Systematische Ornamenten

LETTERGIETERIJ JOH. ENSCHEDÉ & ZONEN

Haarlem

SERIE 33

946 947 948 949 950 951 952 953 954 955 956 957

958 960 962 964 963 961 959

965 967 969 968 966

970 972 974 973 971

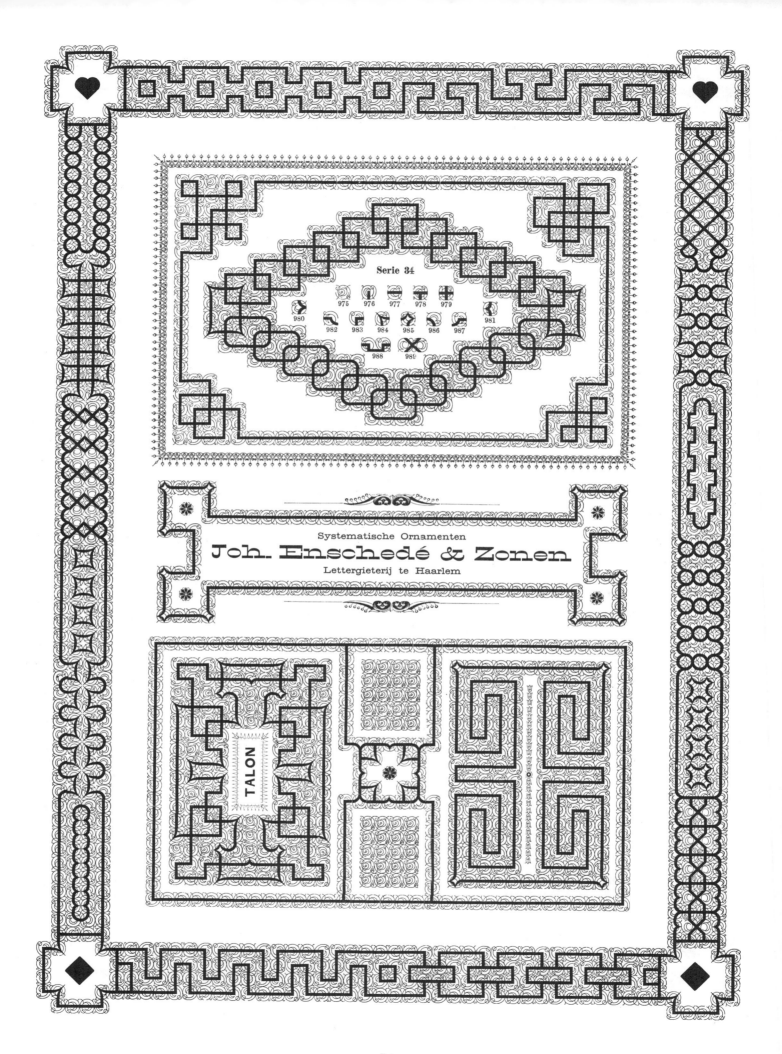

Serie 34

975 976 977 978 979

980 981

982 983 984 985 986 987

988 989

Systematische Ornamenten

Joh. Enschedé & Zonen

Lettergieterij te Haarlem

TALON

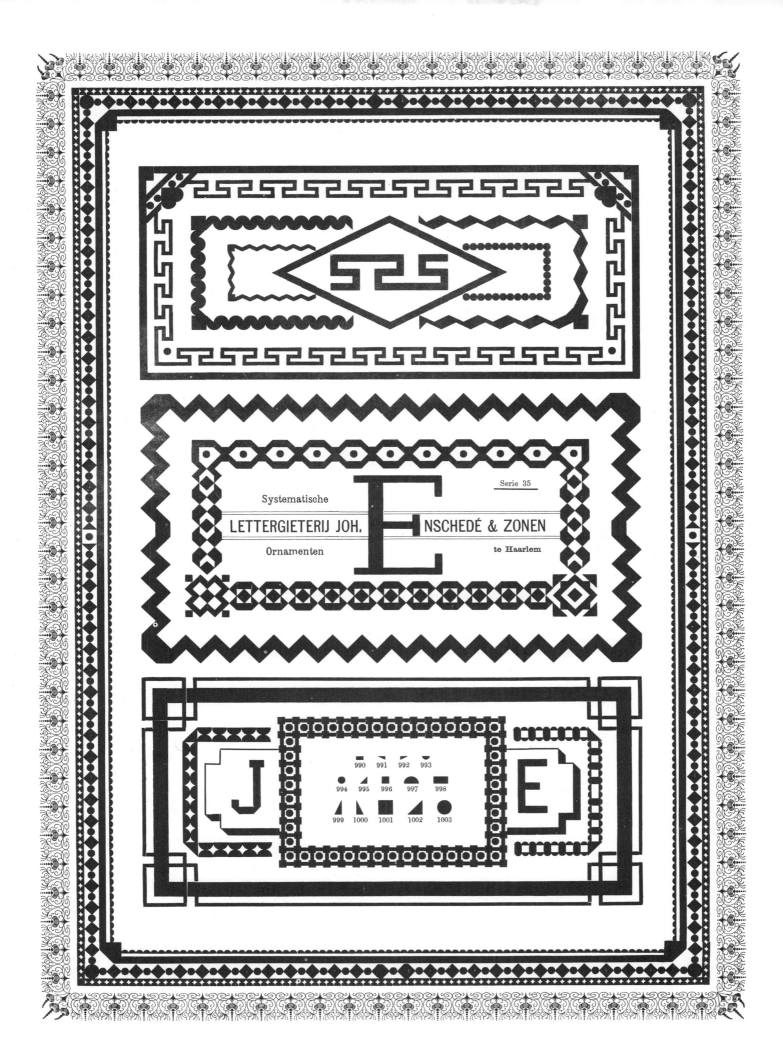

Systematische
LETTERGIETERIJ JOH. ENSCHEDÉ & ZONEN
Ornamenten
Serie 35
te Haarlem

990 991 992 993
994 995 996 997 998
999 1000 1001 1002 1003

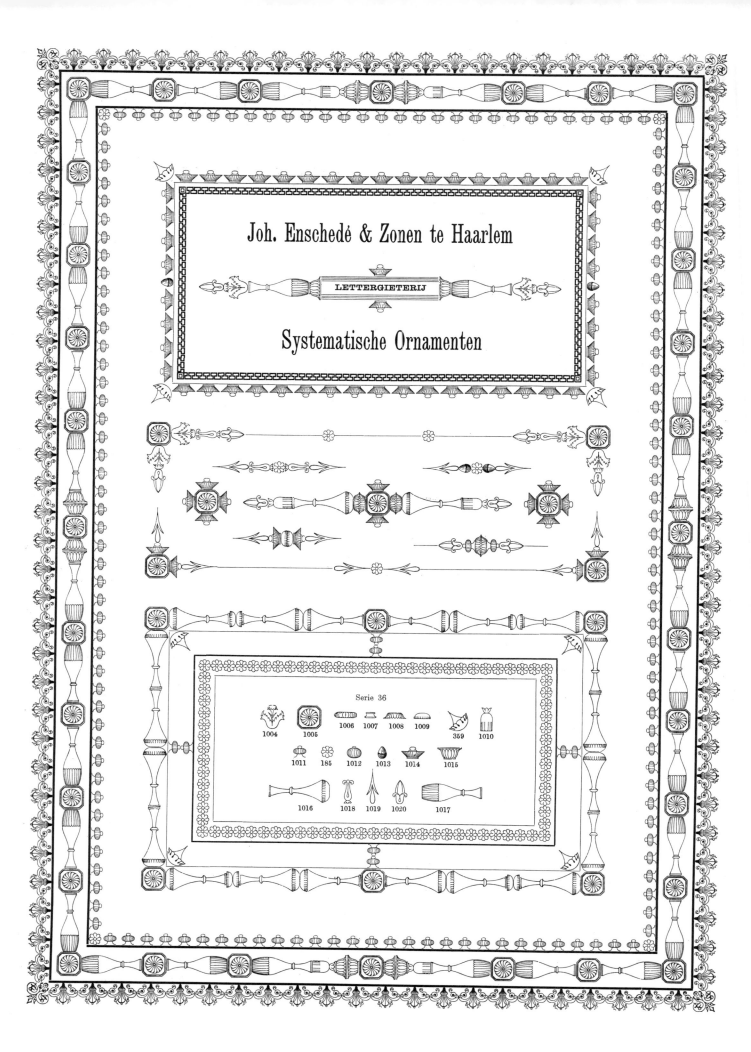

Joh. Enschedé & Zonen te Haarlem

LETTERGIETERIJ

Systematische Ornamenten

Serie 36

1004 1005 1006 1007 1008 1009 359 1010

1011 185 1012 1013 1014 1015

1016 1018 1019 1020 1017

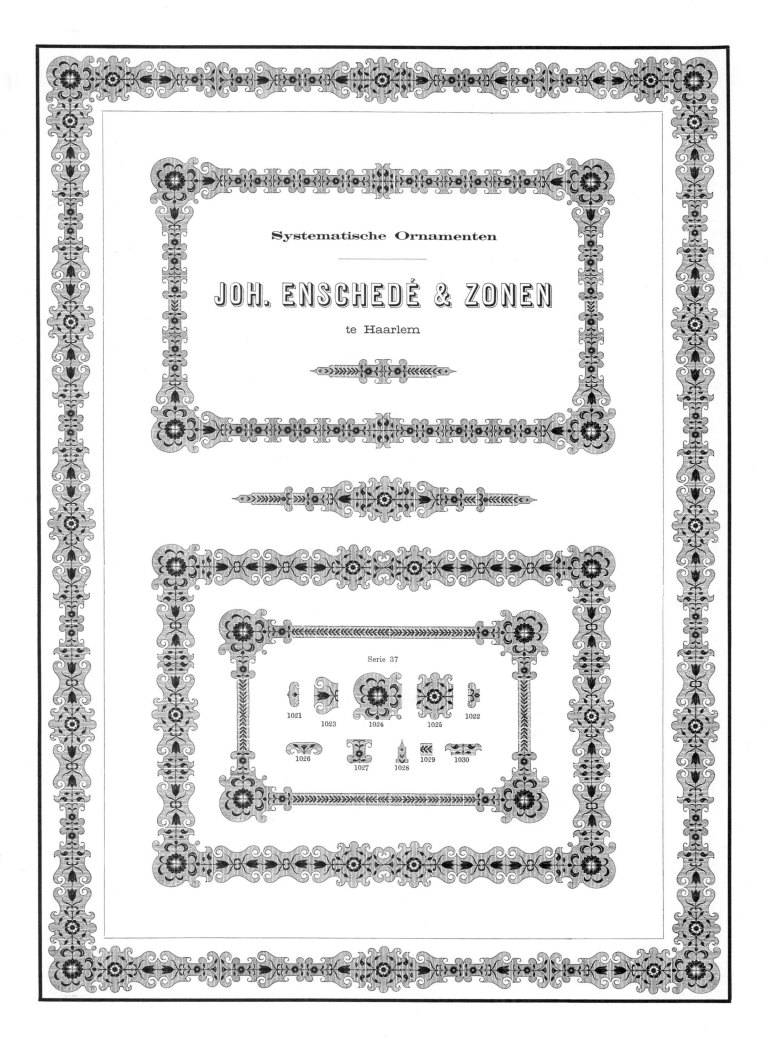

Systematische Ornamenten

JOH. ENSCHEDÉ & ZONEN

te Haarlem

Serie 37

1021 1023 1024 1025 1022

1026 1027 1028 1029 1030

SYSTEMATISCHE ORNAMENTEN
SERIE 38

1031 1032 1033 1034 1035 1036 1037 1038 1039 1040 1041 1042

1043 1044 1045 1046 1047 1048

1049 1050 1051 1052 1053 1054

Lettergieterij   Joh. Enschedé & Zonen   Haarlem

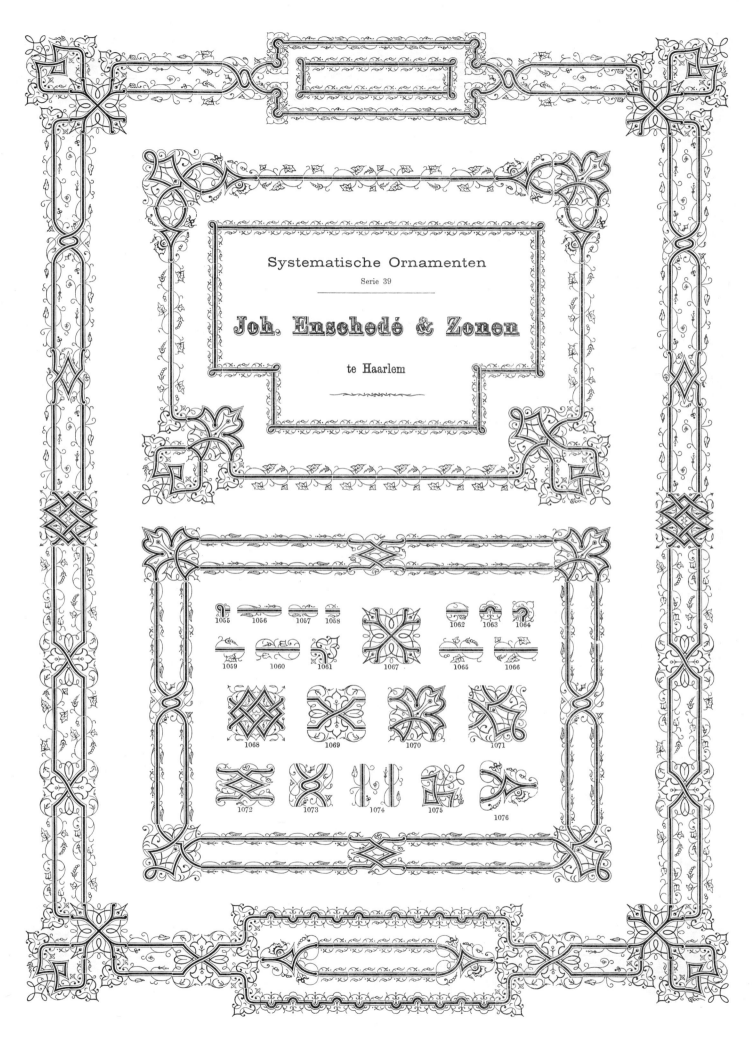

Systematische Ornamenten

Serie 39

Joh. Enschedé & Zonen

te Haarlem

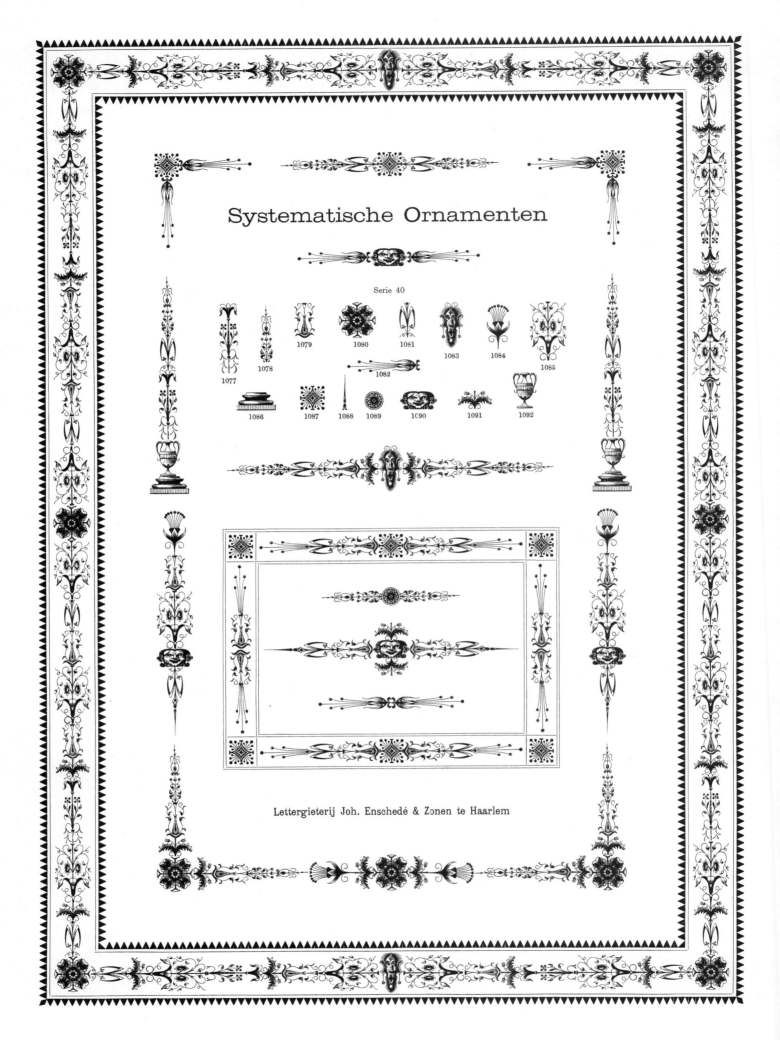

Systematische Ornamenten

Serie 40

1077 1078 1079 1080 1081 1082 1083 1084 1085 1086 1087 1088 1089 1090 1091 1092

Lettergieterij Joh. Enschedé & Zonen te Haarlem

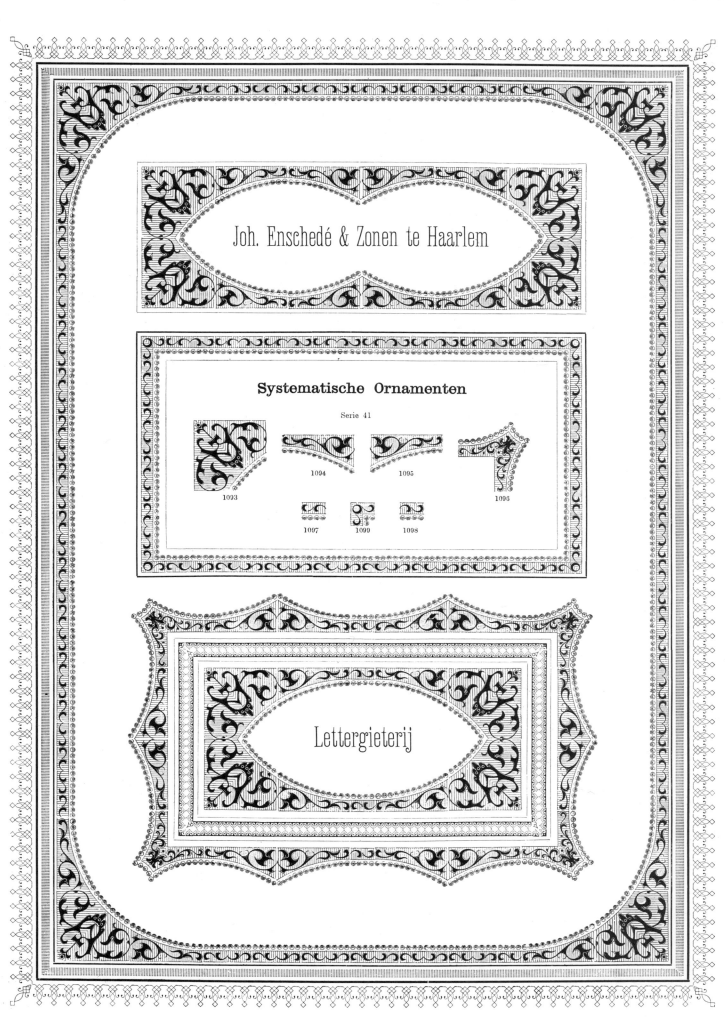

Joh. Enschedé & Zonen te Haarlem

Systematische Ornamenten

Serie 41

1093 1094 1095 1096

1097 1099 1098

Lettergieterij

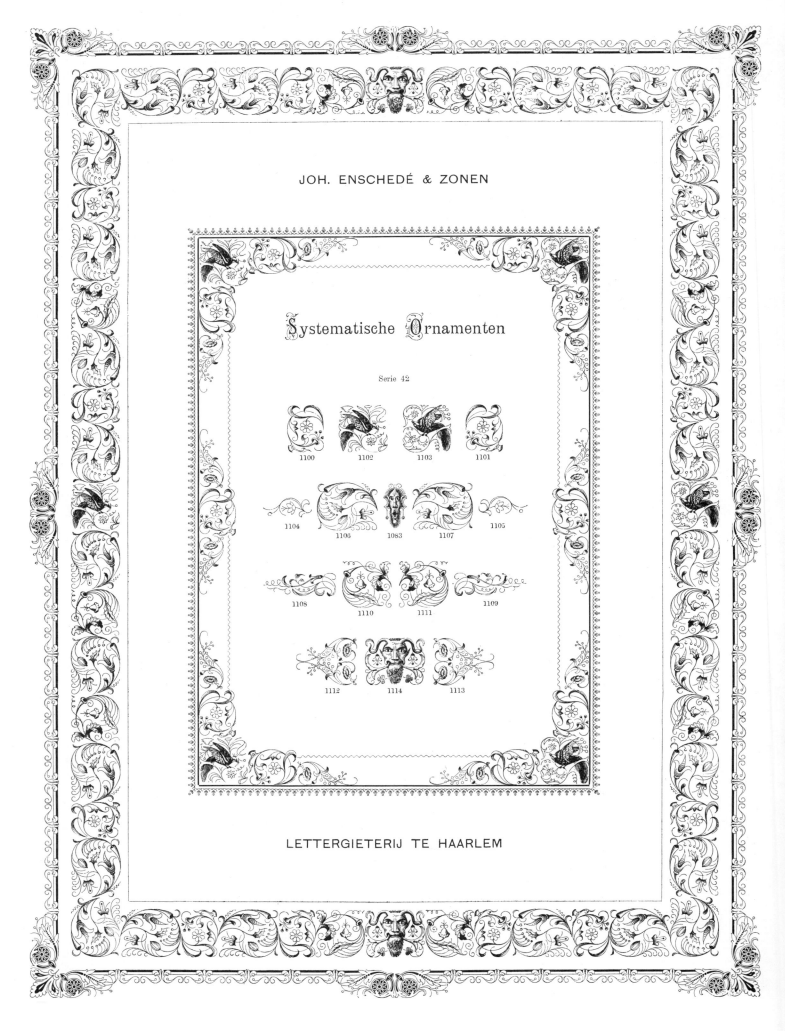

JOH. ENSCHEDÉ & ZONEN

Systematische Ornamenten

Serie 42

1100   1102   1103   1101

1104   1106   1083   1107   1105

1108   1110   1111   1109

1112   1114   1113

LETTERGIETERIJ TE HAARLEM

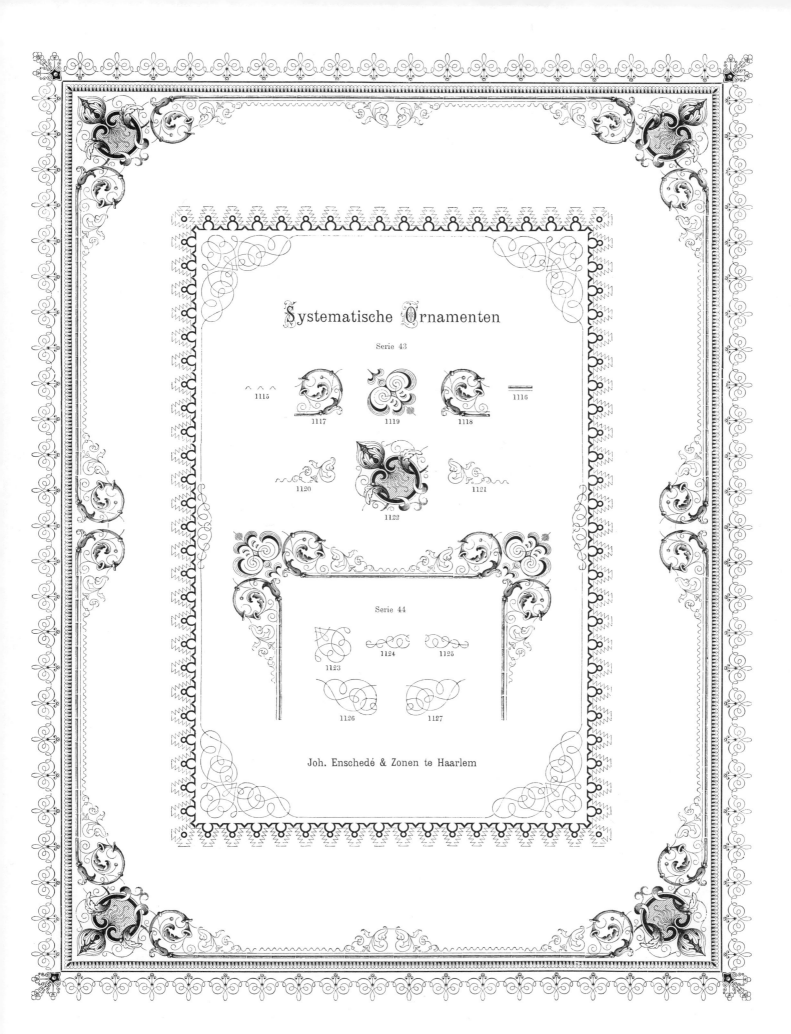

Systematische Ornamenten

Serie 43

1115 1117 1119 1118 1116

1120 1122 1121

Serie 44

1123 1124 1125

1126 1127

Joh. Enschedé & Zonen te Haarlem

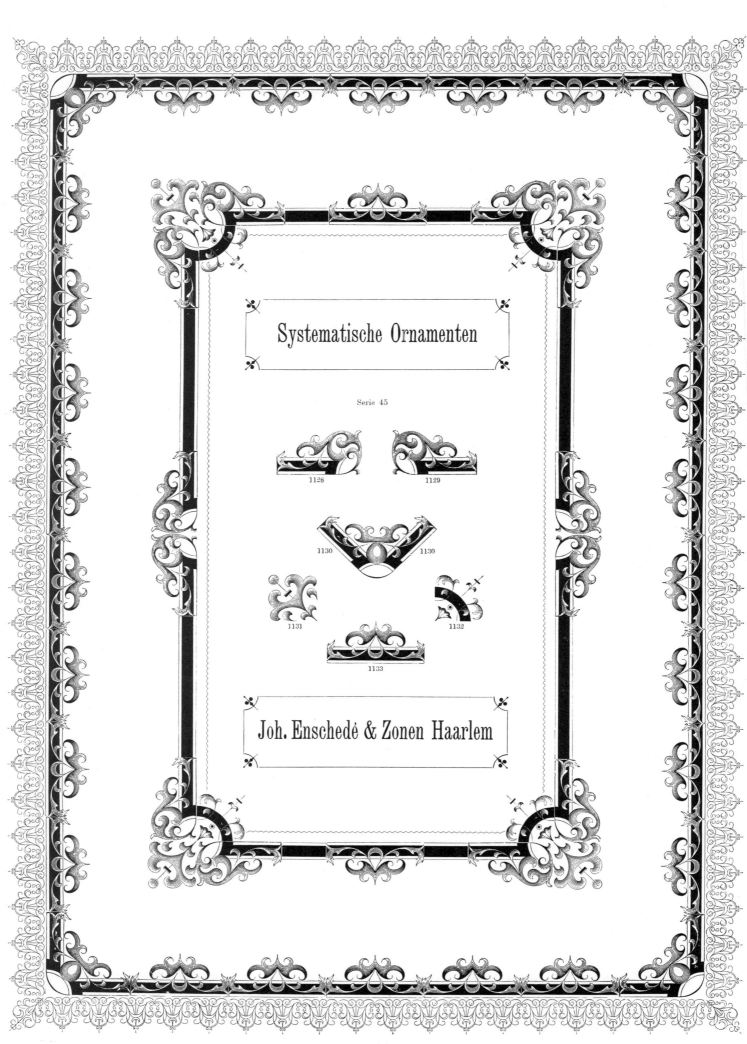

Systematische Ornamenten

Serie 45

1128 1129

1130 1130

1131 1132

1133

Joh. Enschedé & Zonen Haarlem

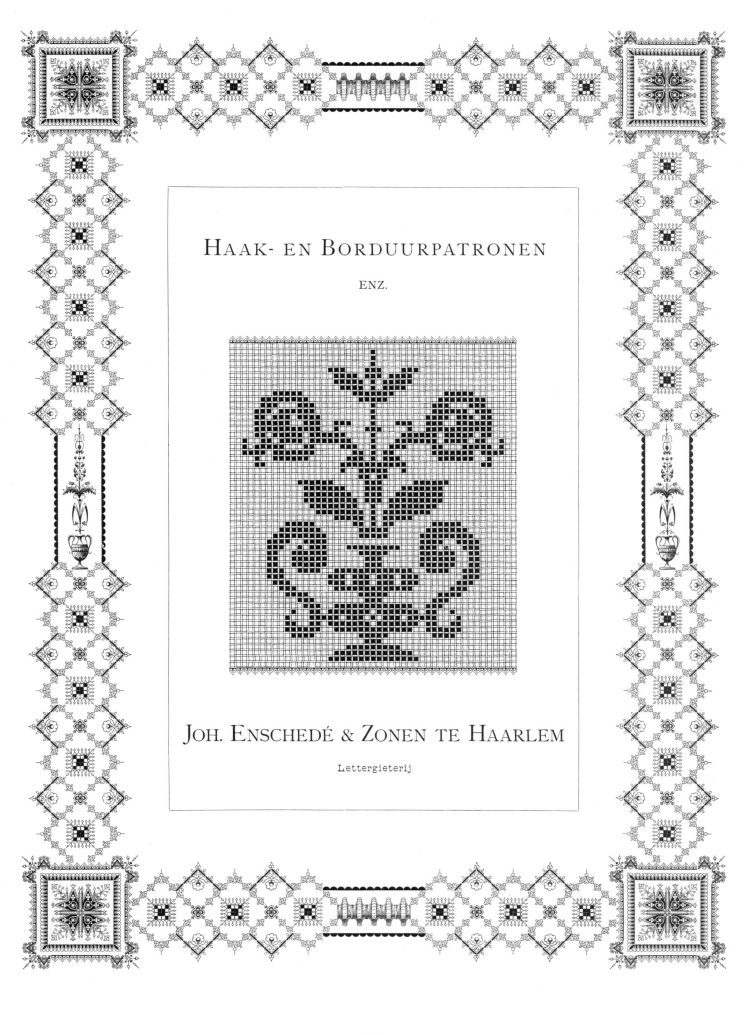

HAAK- EN BORDUURPATRONEN

ENZ.

JOH. ENSCHEDÉ & ZONEN TE HAARLEM

Lettergieterij

Serie 46 op 5 punten

■ □
1134 1135

JOH. ENSCHEDE & ZONEN

Serie 47 op 4 punten

■ 　⊞ 　▣ 　▤ 　▣ 　⊞ 　▢ 　▣ 　▣ 　– 　▨ 　▨ 　▢ 　▪ 　⊞
1136　1137　1138　1139　1140　1141　1142　1143　1144　1145　1146　1147　1148　1149　1150

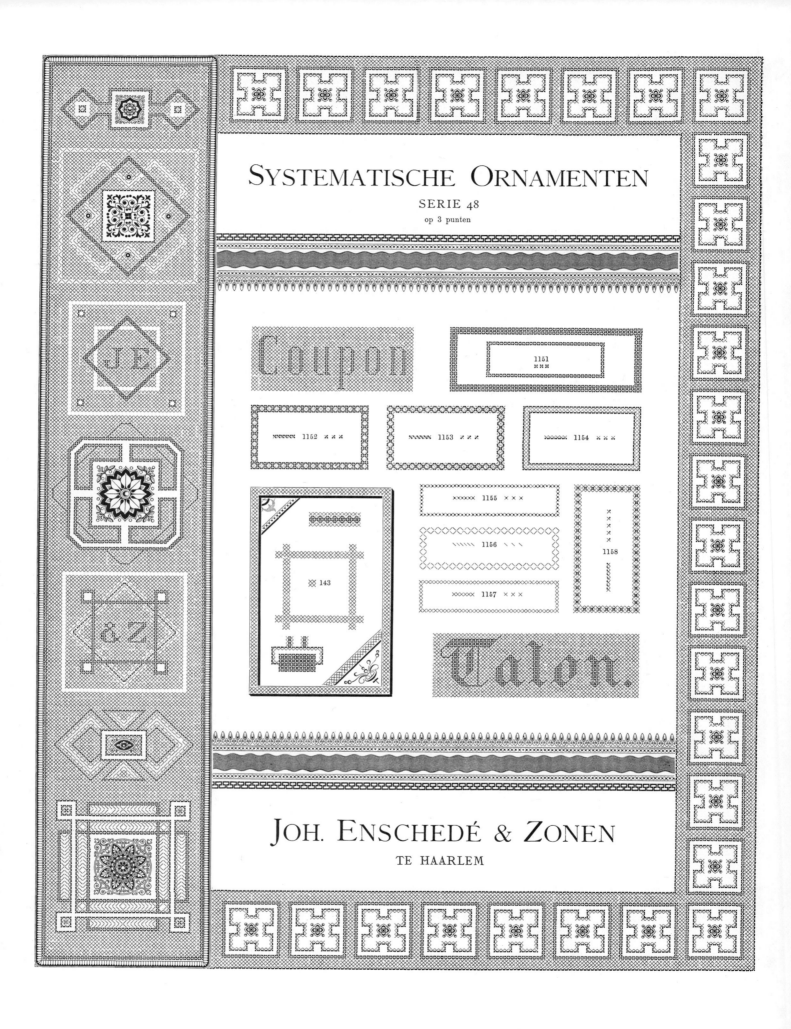

SYSTEMATISCHE ORNAMENTEN

SERIE 48

op 3 punten

Coupon

1151
×××

×××××× 1152 × × ×

×××××× 1153 × × ×

×××××× 1154 × × ×

××××× 1155 × × ×

\\\\\\ 1156 \\\

×××××× 1157 × × ×

1158

⊠ 143

Talon.

JOH. ENSCHEDÉ & ZONEN

TE HAARLEM

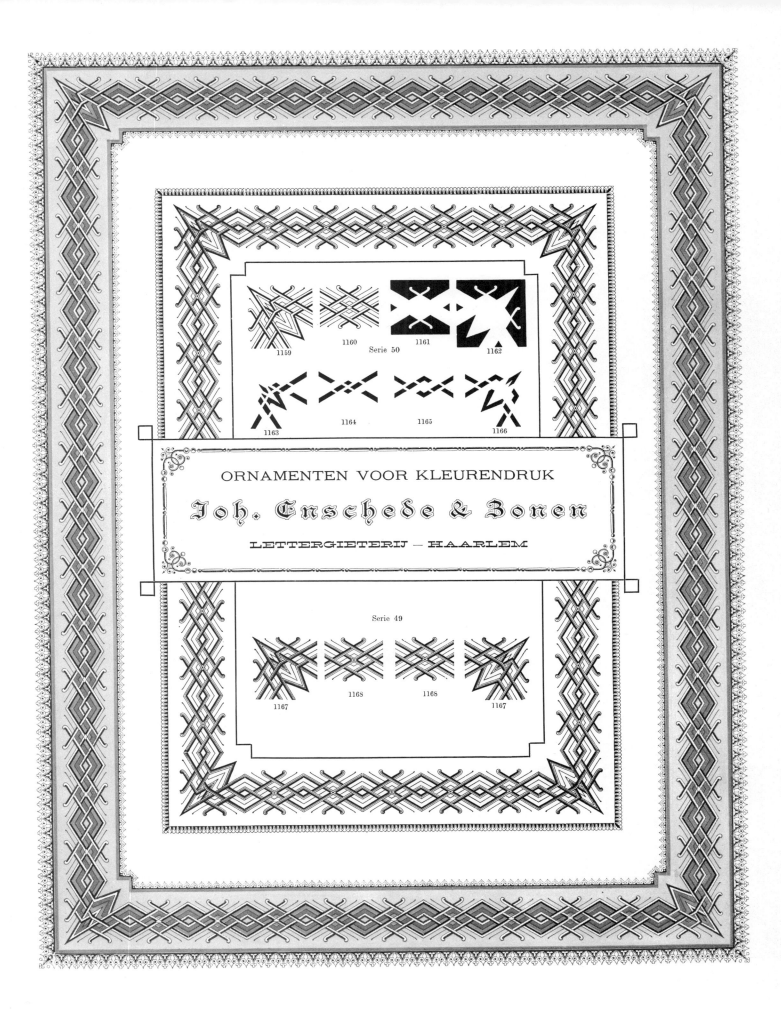

Serie 50

1159   1160   1161   1162
1163   1164   1165   1166

ORNAMENTEN VOOR KLEURENDRUK

Joh. Enschedé & Zonen

LETTERGIETERIJ — HAARLEM

Serie 49

1167   1168   1168   1167

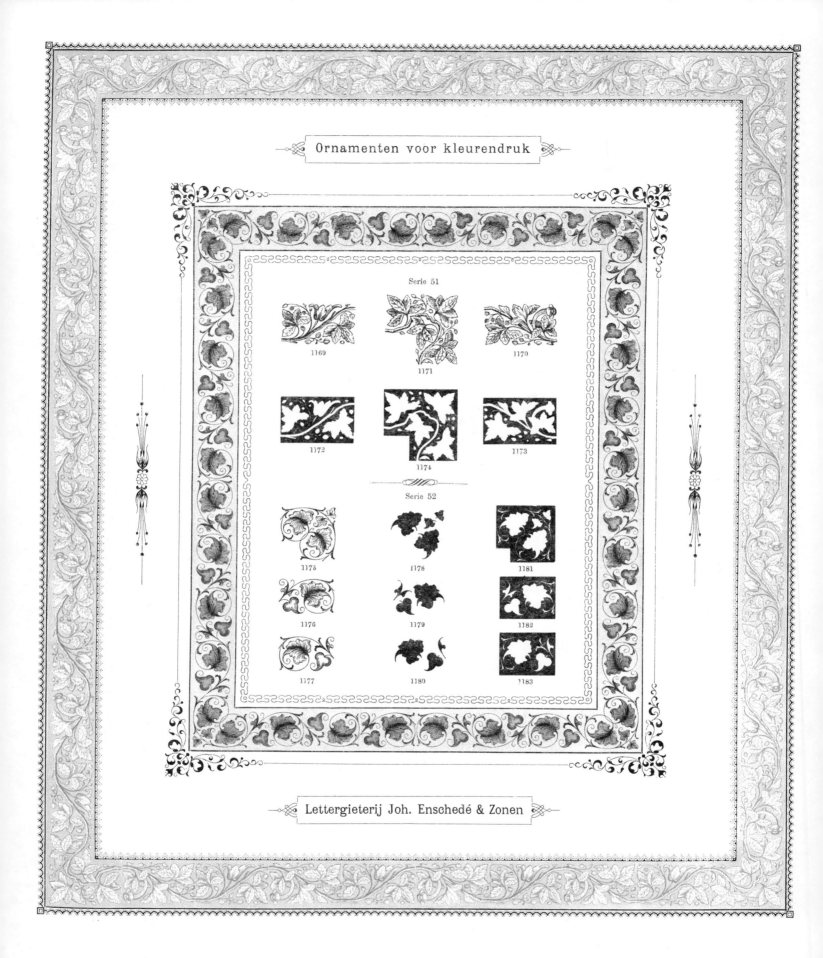

Serie 51

1169
1171
1170

1172
1174
1173

Serie 52

1175
1178
1181

1176
1179
1182

1177
1189
1183

Lettergieterij Joh. Enschedé & Zonen

Serie 54

1189   1190   1191   1192

Ornamenten voor kleurendruk

Joh. Enschedé & Zonen

Lettergieterij — Haarlem

Serie 53

1185   1184   1186   1187   1188

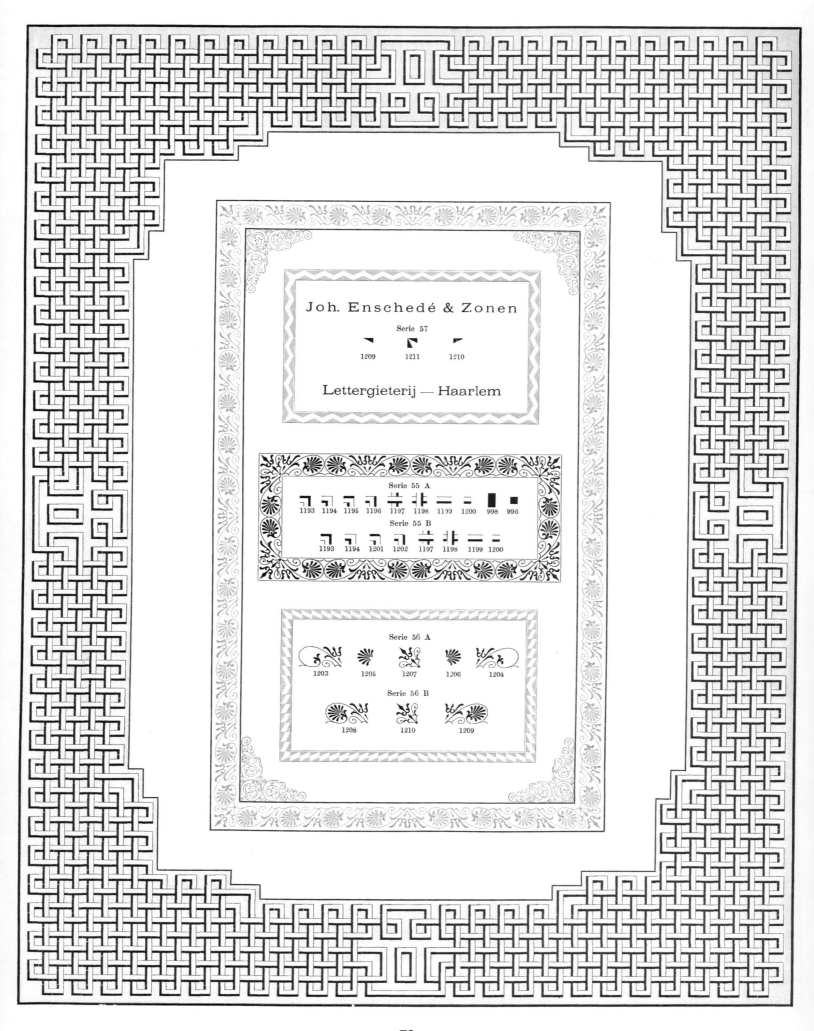

Joh. Enschedé & Zonen

Serie 57

1209   1211   1210

Lettergieterij — Haarlem

Serie 55 A

1193 1194 1195 1196 1197 1198 1199 1200 998 996

Serie 55 B

1193 1194 1201 1202 1197 1198 1199 1200

Serie 56 A

1203   1205   1207   1206   1204

Serie 56 B

1208   1210   1209

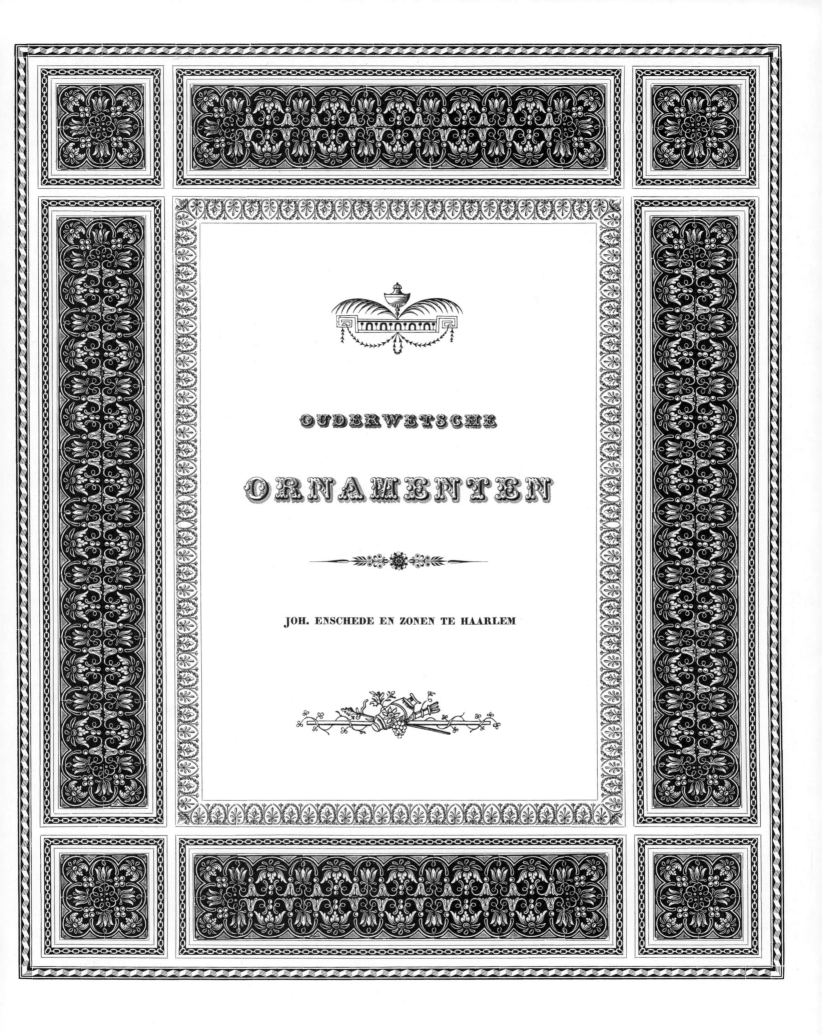

OUDERWETSCHE

ORNAMENTEN

JOH. ENSCHEDE EN ZONEN TE HAARLEM

ORNAMENTEN VOOR 1800

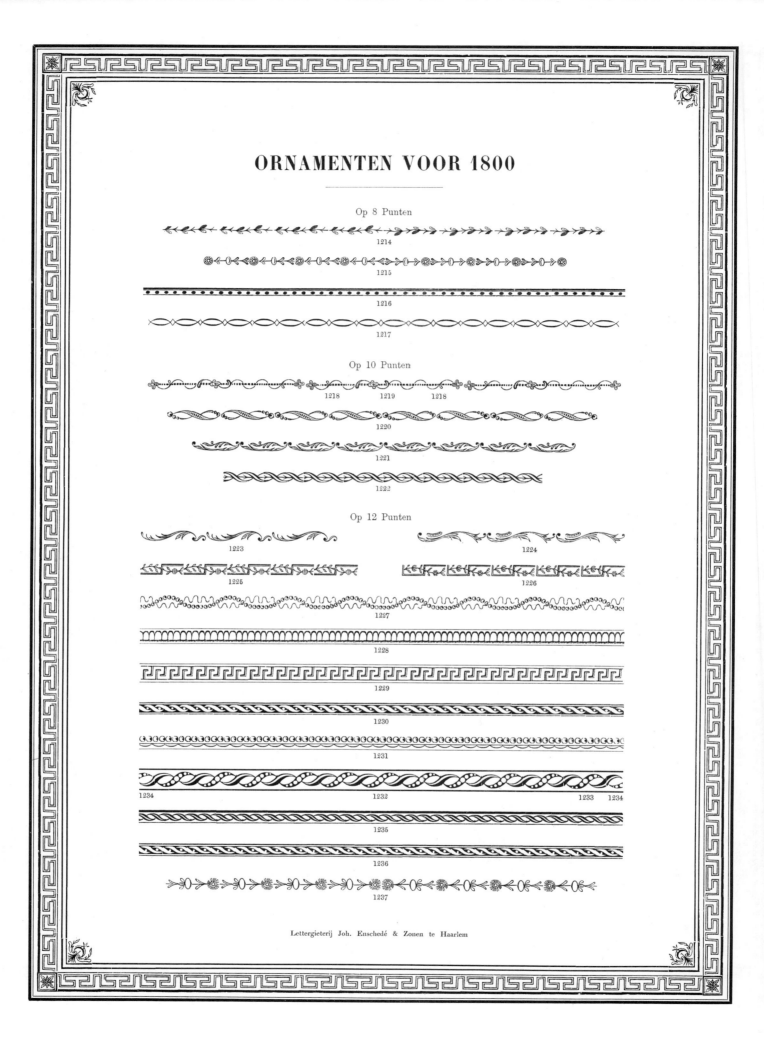

Op 8 Punten

1214

1215

1216

1217

Op 10 Punten

1218   1219   1218

1220

1221

1222

Op 12 Punten

1223   1224

1225   1226

1227

1228

1229

1230

1231

1234   1232   1233   1234

1235

1236

1237

Lettergieterij Joh. Enschedé & Zonen te Haarlem

ORNAMENTEN VOOR 1800

Op 14 Punten

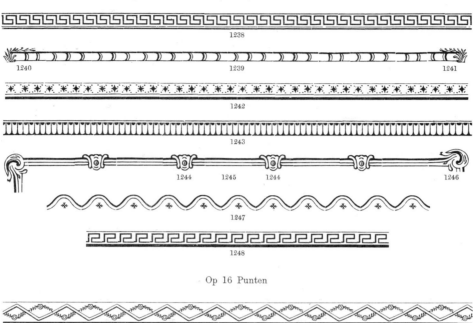

1238

1240   1239   1241

1242

1243

1244   1245   1244   1246

1247

1248

Op 16 Punten

1249

1250

1252   1251   1253

1254

1255

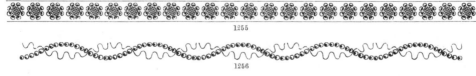

1256

1259   1257   1258   1259

Op 18 Punten

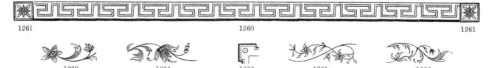

1261   1260   1261

1263   1264   1262   1265   1266

Lettergieterij Joh. Enschedé & Zonen te Haarlem

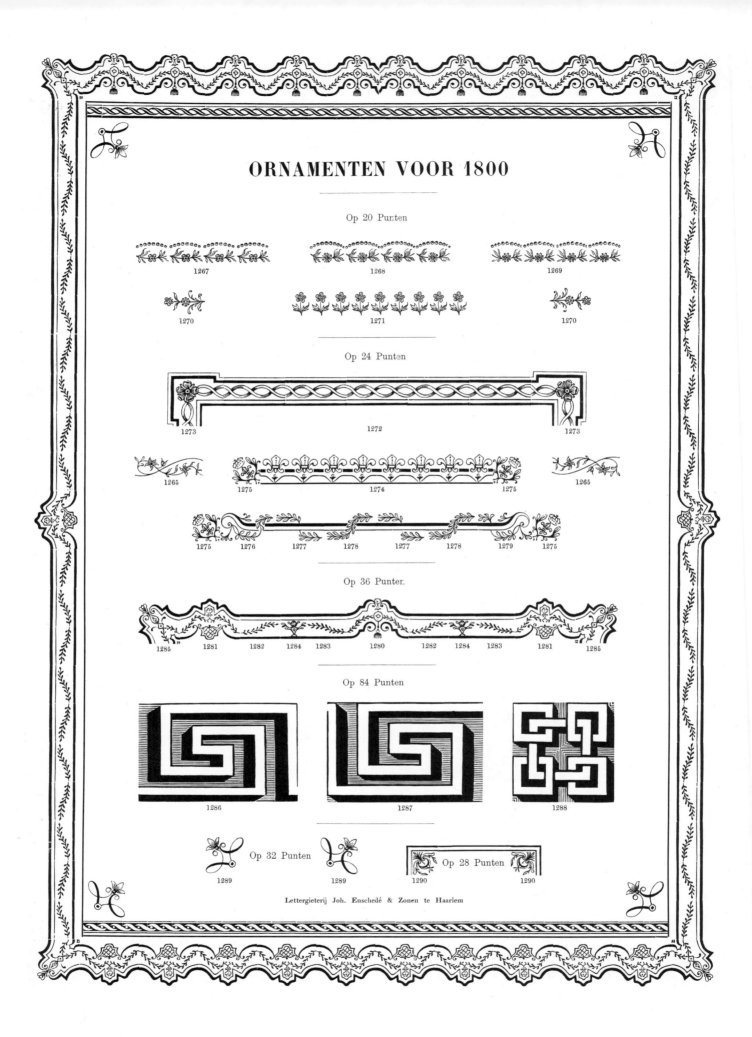

ORNAMENTEN VOOR 1800

Op 20 Punten

1267 1268 1269

1270 1271 1270

Op 24 Punten

1273 1272 1273

1265 1275 1274 1275 1265

1275 1276 1277 1278 1277 1278 1279 1275

Op 36 Punten

1285 1281 1282 1284 1283 1280 1282 1284 1283 1281 1285

Op 84 Punten

1286 1287 1288

1289 Op 32 Punten 1289 1290 Op 28 Punten 1290

Lettergieterij Joh. Enschedé & Zonen te Haarlem

ORNAMENTEN VOOR 1800

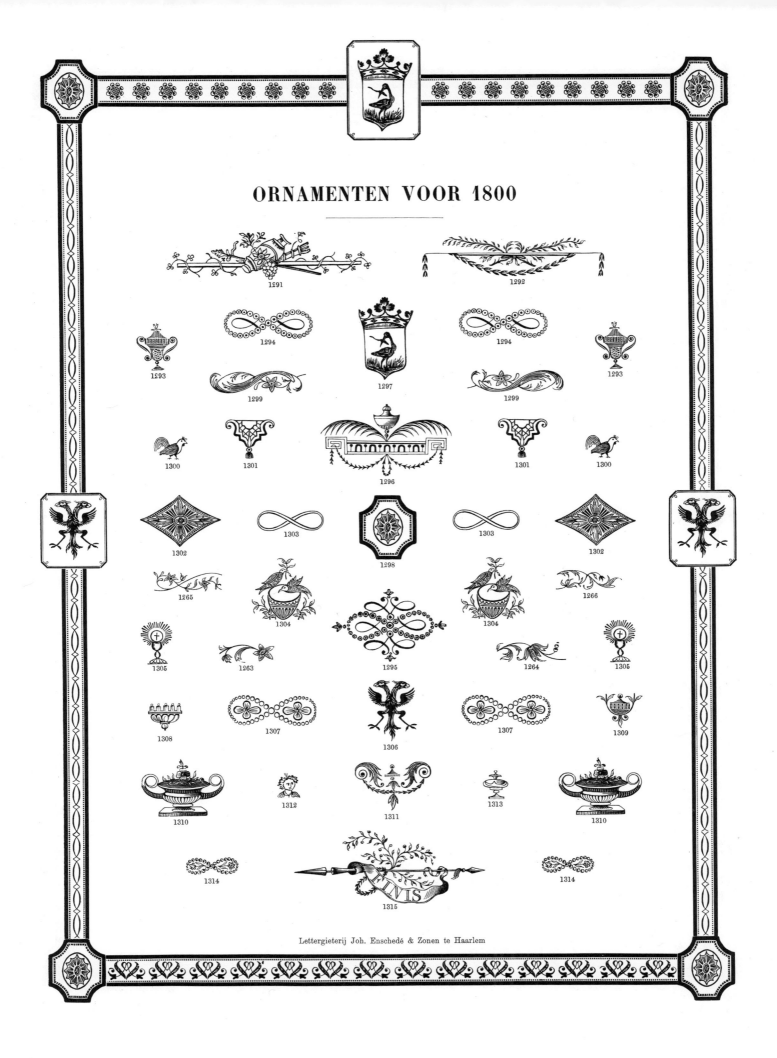

Lettergieterij Joh. Enschedé & Zonen te Haarlem

OUDERWETSCHE ORNAMENTEN

Op 3 Punten

1316	1317
1318	1319
1320	1321
1322	1323
1324	1325
1326	1327
1328	1329
1330	1331
1332	1333
1334	1335
1336	1337
1338	1339
1340	1341
1342	1343
1344	1345
1346	1347
1348	1349
1350	1351
1352	1353
1354	1355

Op 4 Punten

1356	1357
1358	1359
1360	1361
1362	1363

Lettergieterij Joh. Enschedé & Zonen te Haarlem

OUDERWETSCHE ORNAMENTEN

Op 4 Punten

****
1364

●●●●●●●●●●●●●●●●●●●●●●●●●●●●●●●●●●●●●
1366

****
1368

▨▨▨▨▨▨▨▨▨▨▨▨▨▨▨▨▨▨▨▨▨▨▨▨▨▨▨▨▨▨▨
1370

●●●●●●●●●●●●●●●●●●●●●●●●●●●●●●●●●●●
1372

ⓒⓒⓒⓒⓒⓒⓒⓒⓒⓒⓒⓒⓒⓒⓒⓒⓒⓒⓒⓒⓒⓒⓒⓒⓒⓒⓒⓒⓒⓒⓒ
1374

↑↑↑↑↑↑↑↑↑↑↑↑↑↑↑↑↑↑↑↑↑↑↑↑↑↑↑↑↑
1376

1378

1380

●●●●●●●●●●●●●●●●●●●●●●●●●●●●●●●●●●
1382

1384

1386

1388

⌒⌒⌒⌒⌒⌒⌒⌒⌒⌒⌒⌒⌒⌒⌒⌒⌒⌒⌒⌒⌒⌒⌒⌒
1390

1392

1394

1396

****
1365

●●●●●●●●●●●●●●●●●●●●●●●●●●●●●●●●●●●●●●
1367

●●●●●●●●●●●●●●●●●●●●●●●●●●●●●●●●●●●●●
1369

××××××××××××××××××××××××××××
1371

●●●●●●●●●●●●●●●●●●●●●●●●●●●●●●●●●●●●●
1373

ⓒⓒⓒⓒⓒⓒⓒⓒⓒⓒⓒⓒⓒⓒⓒⓒⓒⓒⓒⓒⓒⓒⓒⓒⓒⓒⓒⓒⓒⓒⓒ
1375

★★★★★★★★★★★★★★★★★★★★★★★★★★★★★
1377

1379

●●●●●●●●●●●●●●●●●●●●●●●●●●●●●●●●●●
1381

1383

1385

1387

1389

⌒⌒⌒⌒⌒⌒⌒⌒⌒⌒⌒⌒⌒⌒⌒⌒⌒⌒⌒⌒⌒⌒⌒⌒⌒
1391

1393

1395

1397

1398

Op 5 Punten

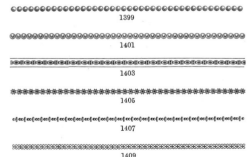

1399

1401

1403

1405

1407

1409

1400

1402

1404

1406

1408

1410

Lettergieterij Joh. Enschedé & Zonen te Haarlem

OUDERWETSCHE ORNAMENTEN

Op 5 Punten

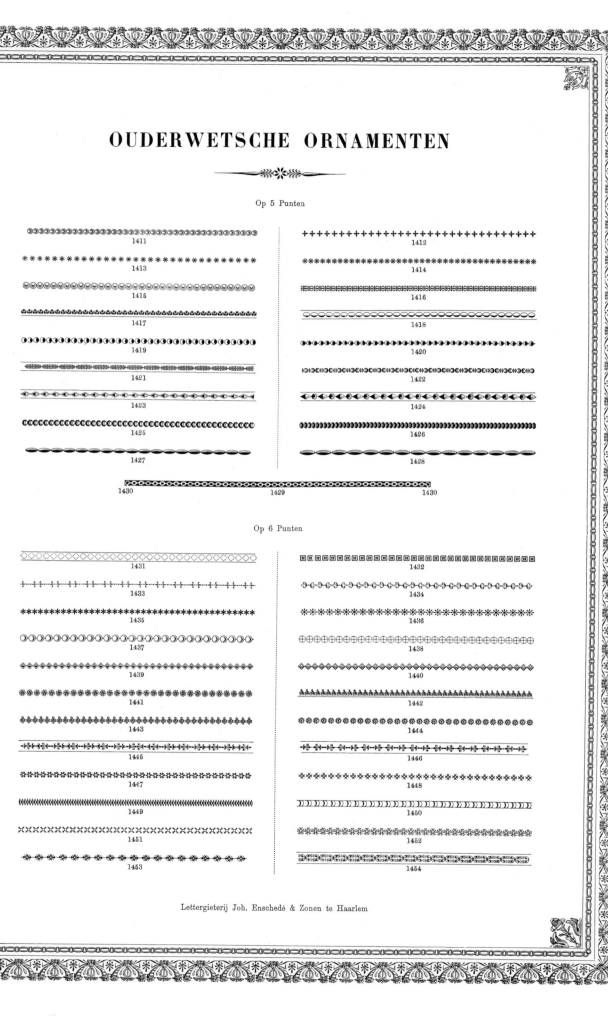

1411   1412

1413   1414

1415   1416

1417   1418

1419   1420

1421   1422

1423   1424

1425   1426

1427   1428

1430   1429   1430

Op 6 Punten

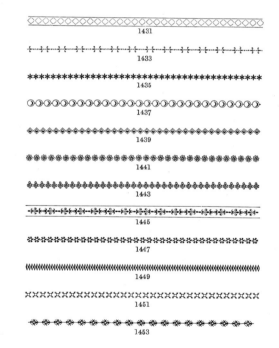
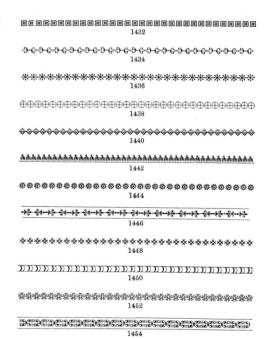

1431   1432

1433   1434

1435   1436

1437   1438

1439   1440

1441   1442

1443   1444

1445   1446

1447   1448

1449   1450

1451   1452

1453   1454

Lettergieterij Joh. Enschedé & Zonen te Haarlem

OUDERWETSCHE ORNAMENTEN

Op 6 Punten.

1455
1456
1457
1458
1459
1460
1461
1463 1462 1463
1464
1465
1466
1467
1468
1469
1470
1471
1472
1473
1474
1475
1477 1476 1477
1478
1479
1480
1481
1482
1483
1484
1485
1486
1487
1488
1489
1490
1491
1492
1494 1493 1494
1494 1495 1494
1496
1497
1498
1499

Lettergieterij Joh. Enschedé & Zonen te Haarlem

OUDERWETSCHE ORNAMENTEN

Op 6 Punten

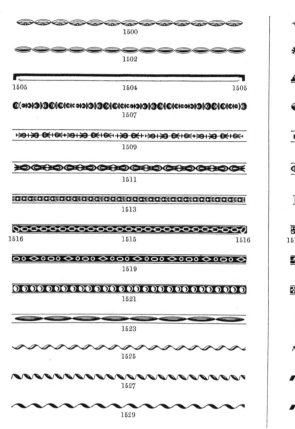

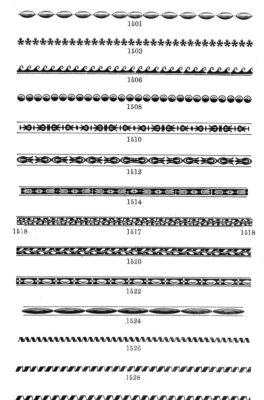

Op 8 Punten

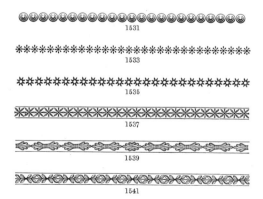

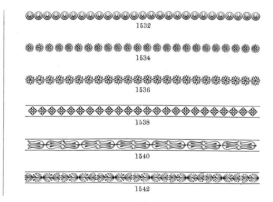

Lettergieterij Joh. Enschedé & Zonen te Haarlem

OUDERWETSCHE ORNAMENTEN

Op 8 Punten

1543

1544

1545

1546

1547

1548

1549

1550

1551

1552

1553

1554

1555

1556

1557   1557

1558

1559

1560

1561

1562

1563

1564

1565

1567   1566   1567

1569   1568   1569

1570

1572   1571   1573

1574

1575

1576

1577

1578

1579

1580

1581

1582

1584   1583   1584

Lettergieterij Joh. Enschedé & Zonen te Haarlem

OUDERWETSCHE ORNAMENTEN

Op 8 Punten

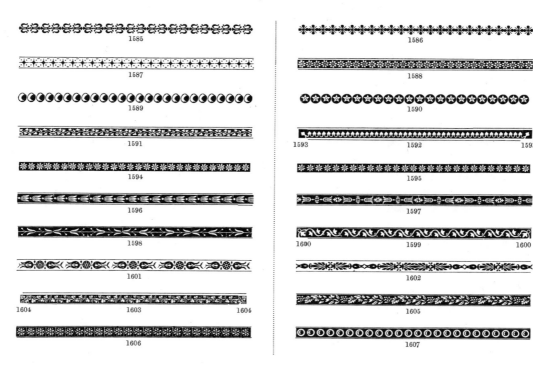

1585

1586

1587

1588

1589

1590

1591

1593   1592   1593

1594

1595

1596

1597

1598

1600   1599   1600

1601

1602

1604   1603   1604

1605

1606

1607

Op 9 Punten

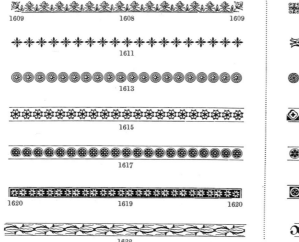

1609   1608   1609

1610

1611

1612

1613

1614

1615

1616

1617

1618

1620   1619   1620

1621

1622

1623

Lettergieterij Joh. Enschedé & Zonen te Haarlem

OUDERWETSCHE ORNAMENTEN

Op 10 Punten

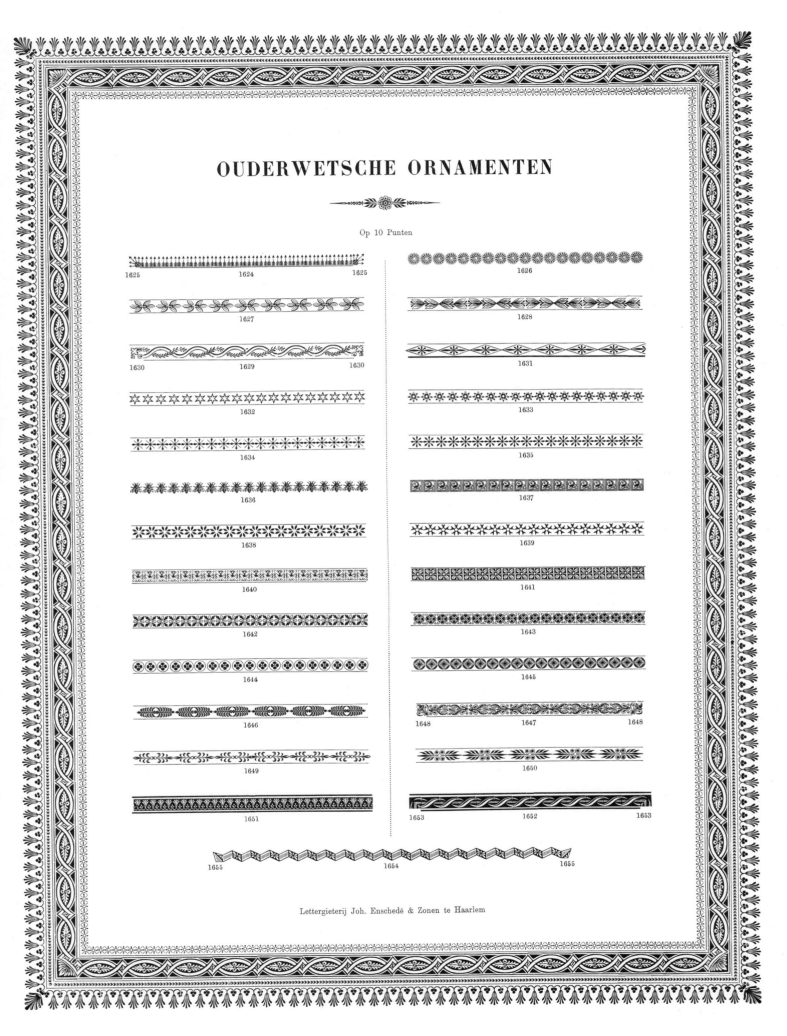

Lettergieterij Joh. Enschedé & Zonen te Haarlem

OUDERWETSCHE ORNAMENTEN

Op 11 Punten

1656

1657

1658

1659

1660

1661

1662

1663

1664

1665

1666

1668   1667   1668

1670   1669   1670

Lettergieterij Joh. Enschedé & Zonen te Haarlem

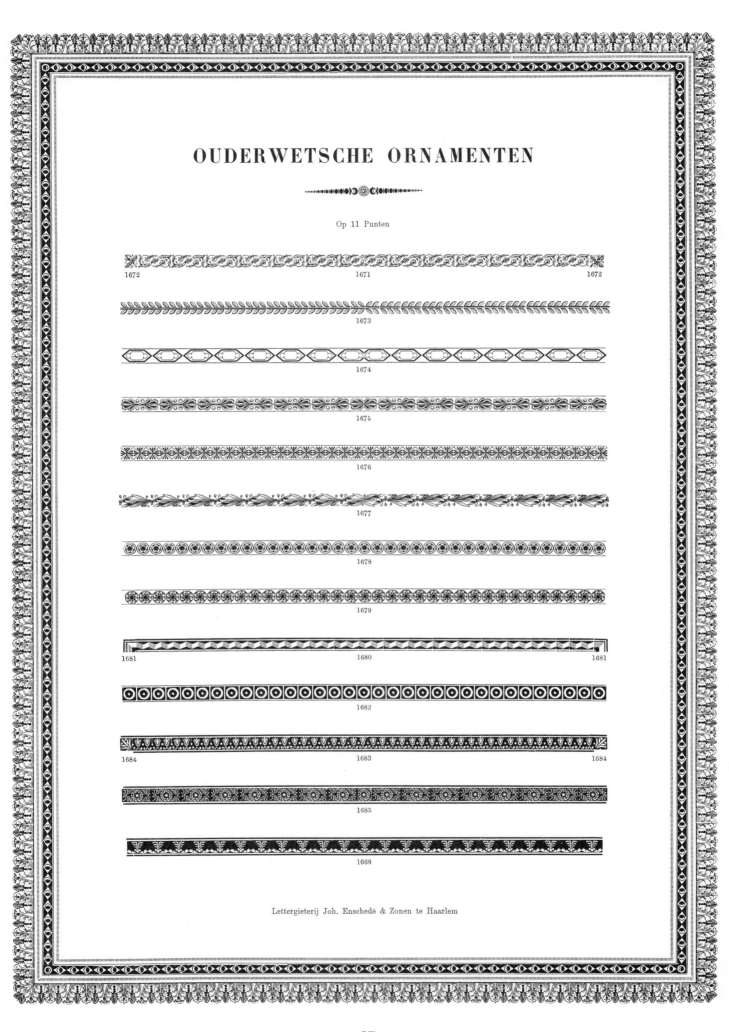

OUDERWETSCHE ORNAMENTEN

Op 11 Punten

1672   1671   1672

1673

1674

1675

1676

1677

1678

1679

1681   1680   1681

1682

1684   1683   1684

1685

1668

OUDERWETSCHE ORNAMENTEN

Op 12 Punten

1687

1689   1688   1689

1690

1691

1692

1693

1695   1694   1695

1696

1697

1698

1700   1699   1700

1702   1701   1702

1703

Lettergieterij Joh. Enschedé & Zonen te Haarlem

OUDERWETSCHE ORNAMENTEN

Op 12 Punten

1704

1706   1705   1706

1708   1707   1708

1709

1710

Op 14 Punten

1711

1712

1714   1713   1714

1715

1717   1716   1717

1718

1719

Lettergieterij Joh. Enschedé & Zonen te Haarlem

OUDERWETSCHE ORNAMENTEN

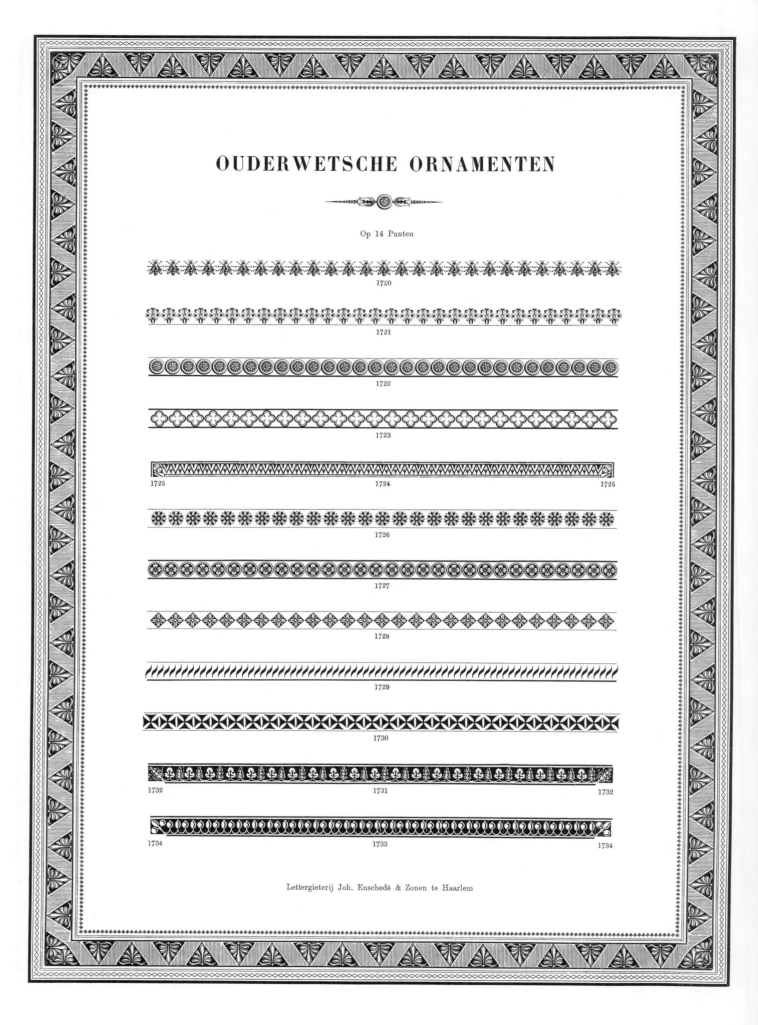

Op 14 Punten

1720

1721

1722

1723

1725   1724   1725

1726

1727

1728

1729

1730

1732   1731   1732

1734   1733   1734

Lettergieterij Joh. Enschedé & Zonen te Haarlem

OUDERWETSCHE ORNAMENTEN

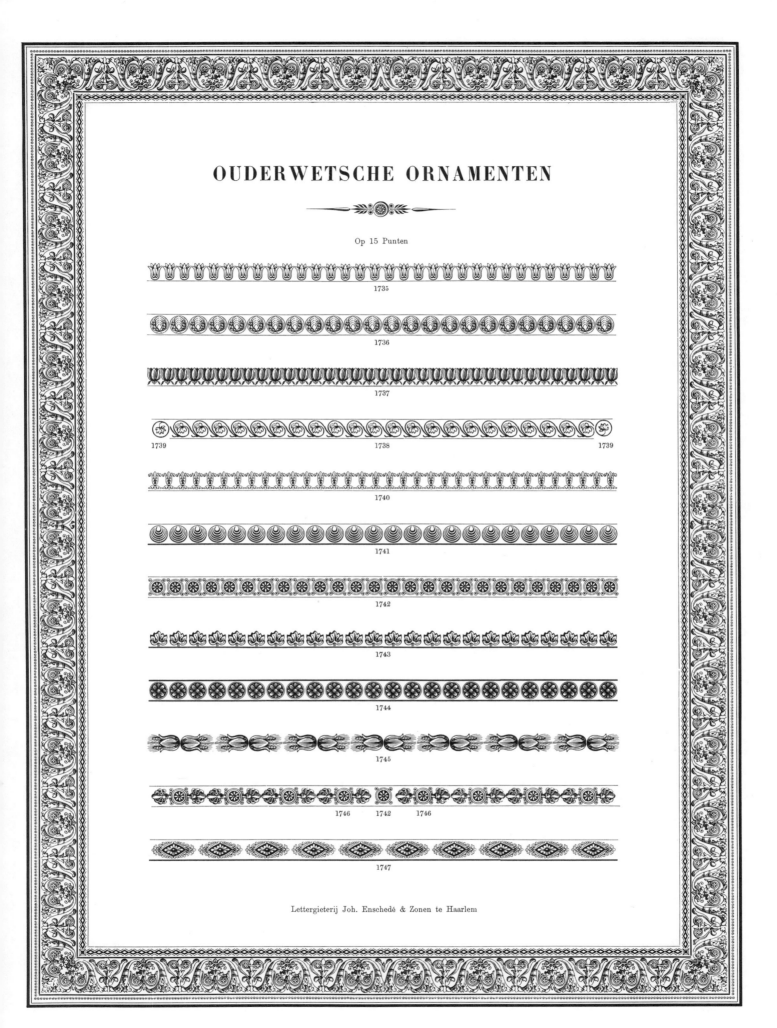

Op 15 Punten

1735

1736

1737

1739   1738   1739

1740

1741

1742

1743

1744

1745

1746   1742   1746

1747

Lettergieterij Joh. Enschedé & Zonen te Haarlem

OUDERWETSCHE ORNAMENTEN

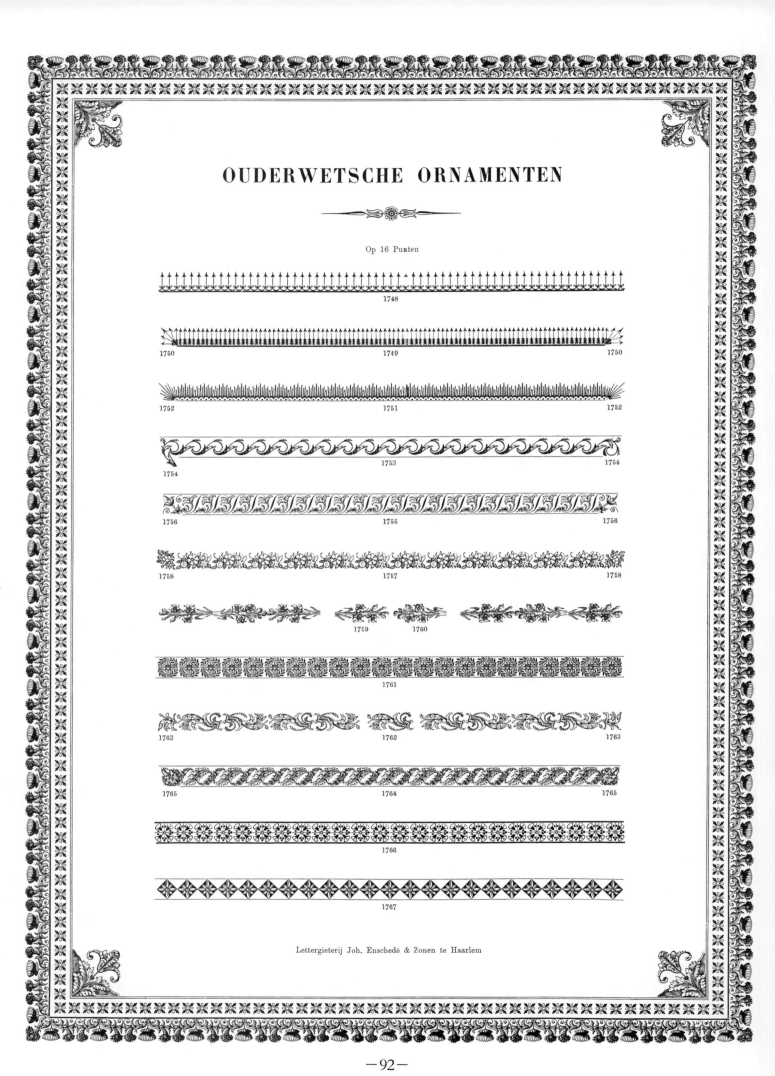

Op 16 Punten

1748

1750   1749   1750

1752   1751   1752

1754   1753   1754

1756   1755   1756

1758   1757   1758

1759   1760

1761

1763   1762   1763

1765   1764   1765

1766

1767

Lettergieterij Joh. Enschedé & Zonen te Haarlem

OUDERWETSCHE ORNAMENTEN

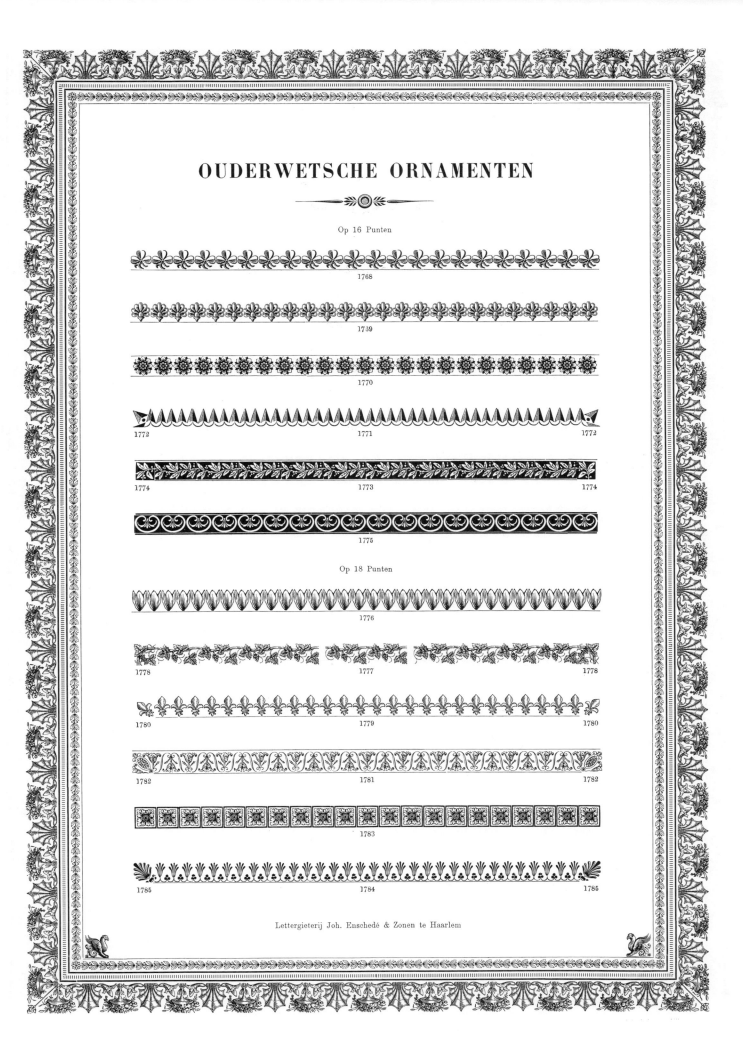

Op 16 Punten

1768

1739

1770

1772   1771   1772

1774   1773   1774

1775

Op 18 Punten

1776

1778   1777   1778

1780   1779   1780

1782   1781   1782

1783

1785   1784   1785

Lettergieterij Joh. Enschedé & Zonen te Haarlem

OUDERWETSCHE ORNAMENTEN

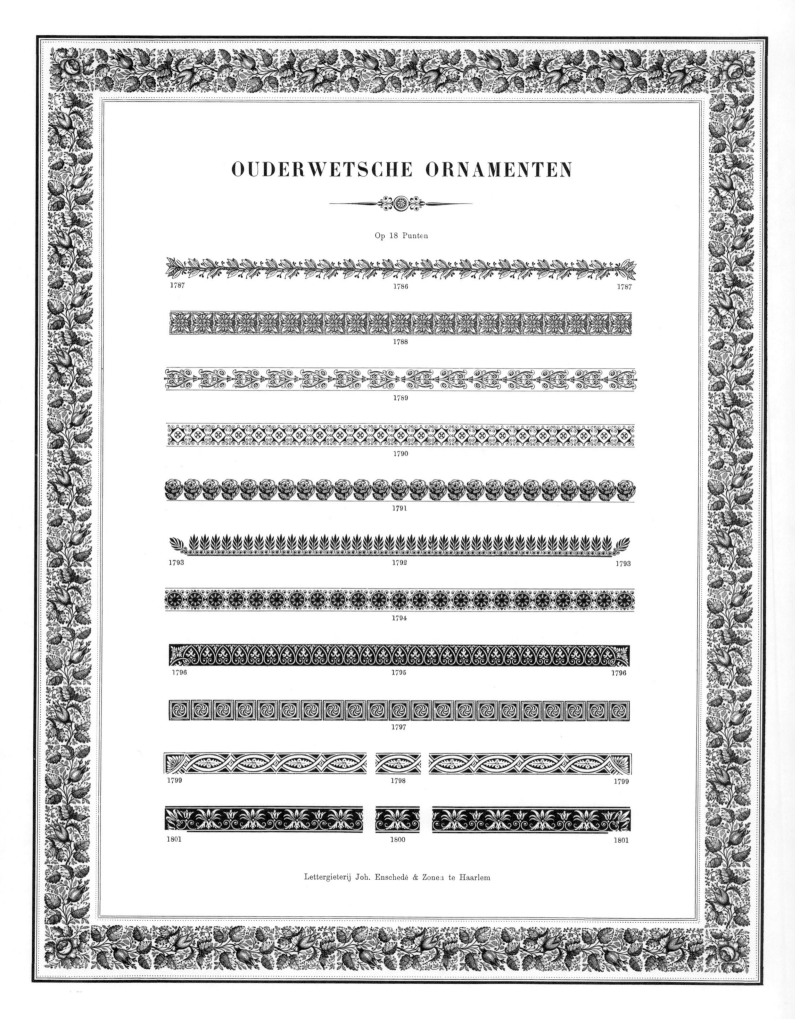

Op 18 Punten

1787   1786   1787

1788

1789

1790

1791

1793   1792   1793

1794

1796   1795   1796

1797

1799   1798   1799

1801   1800   1801

Lettergieterij Joh. Enschedé & Zonen te Haarlem

OUDERWETSCHE ORNAMENTEN

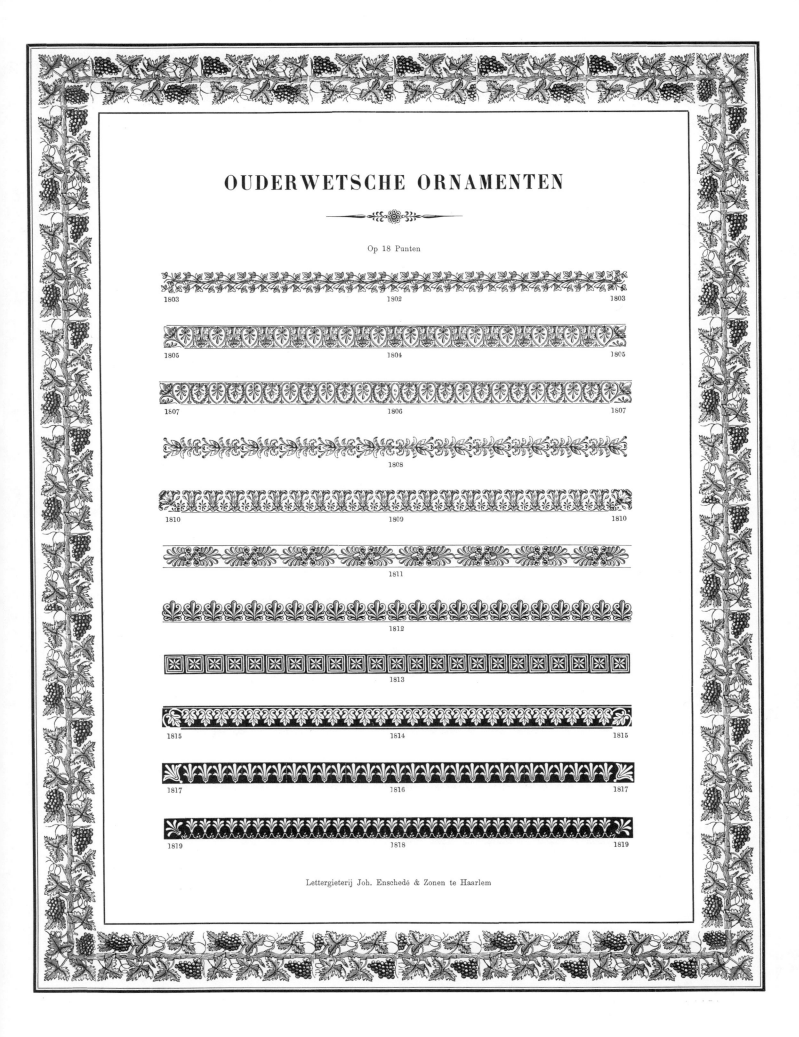

Op 18 Punten

1803   1802   1803

1805   1804   1805

1807   1806   1807

1808

1810   1809   1810

1811

1812

1813

1815   1814   1815

1817   1816   1817

1819   1818   1819

Lettergieterij Joh. Enschedé & Zonen te Haarlem

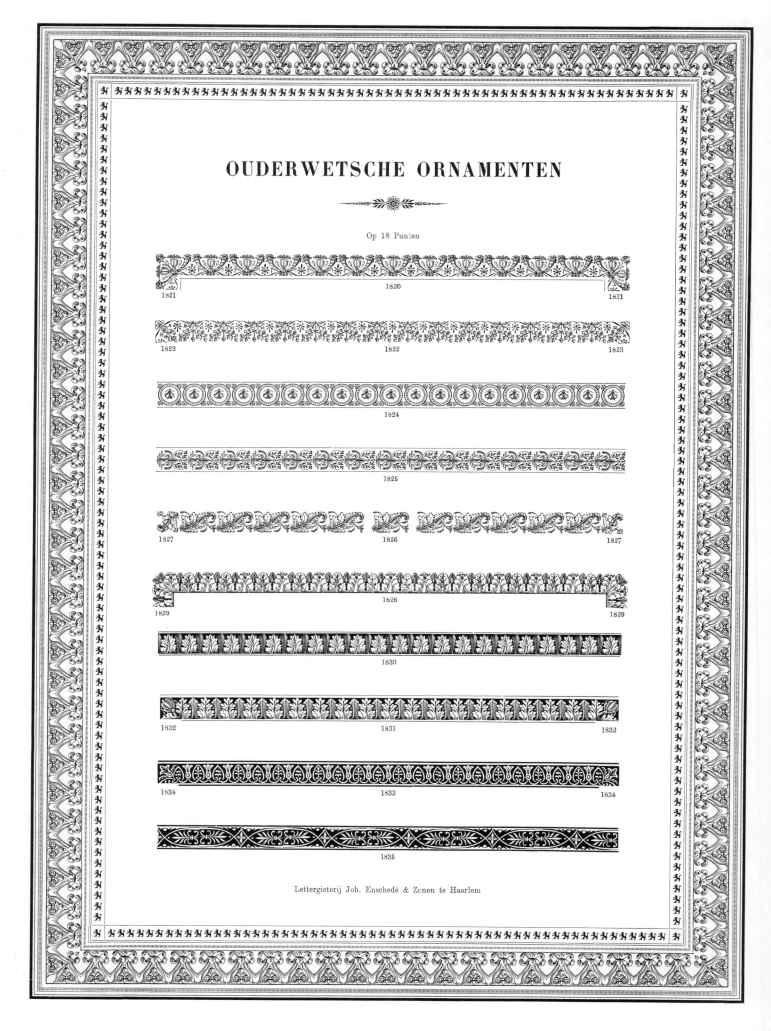

OUDERWETSCHE ORNAMENTEN

Op 18 Punten

Lettergieterij Joh. Enschedé & Zonen te Haarlem

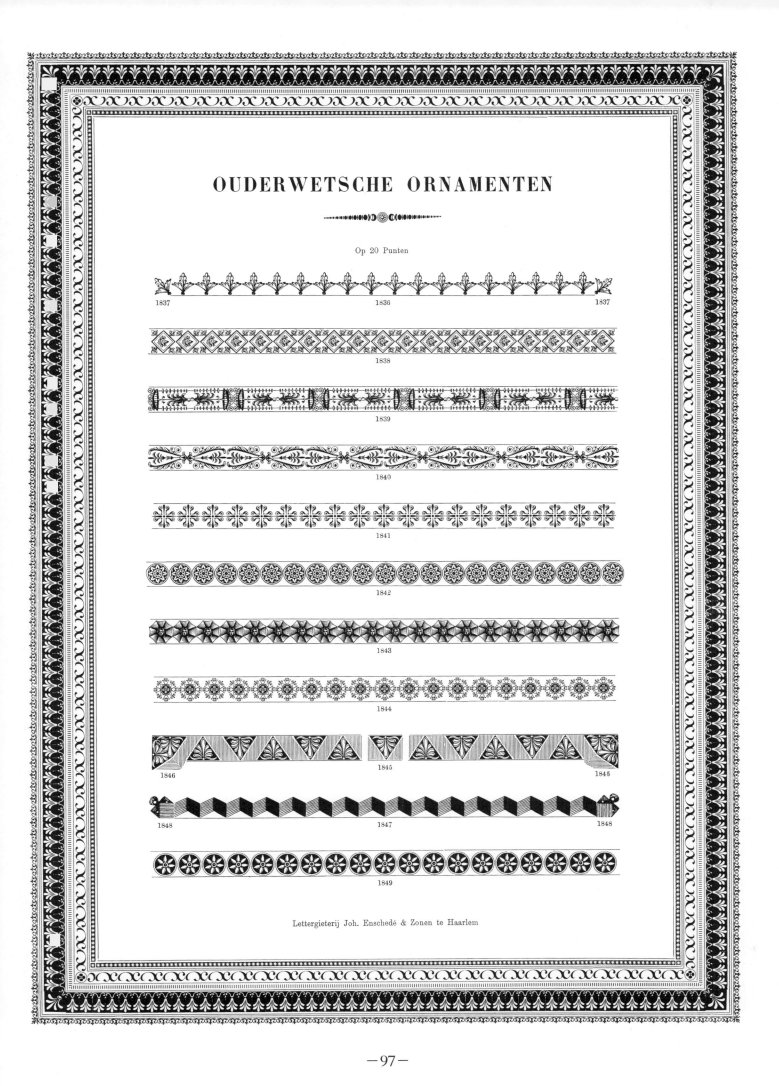

OUDERWETSCHE ORNAMENTEN

Op 20 Punten

1837   1836   1837

1838

1839

1840

1841

1842

1843

1844

1846   1845   1846

1848   1847   1848

1849

Lettergieterij Joh. Enschedé & Zonen te Haarlem

OUDERWETSCHE ORNAMENTEN

Op 20 Punten

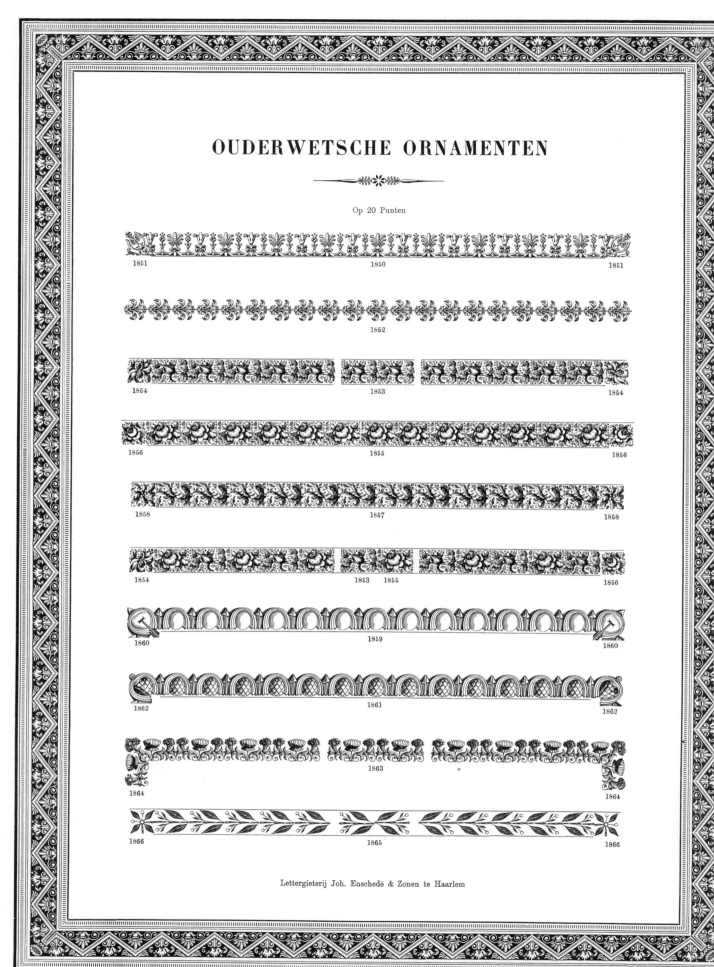

Lettergieterij Joh. Enschedé & Zonen te Haarlem

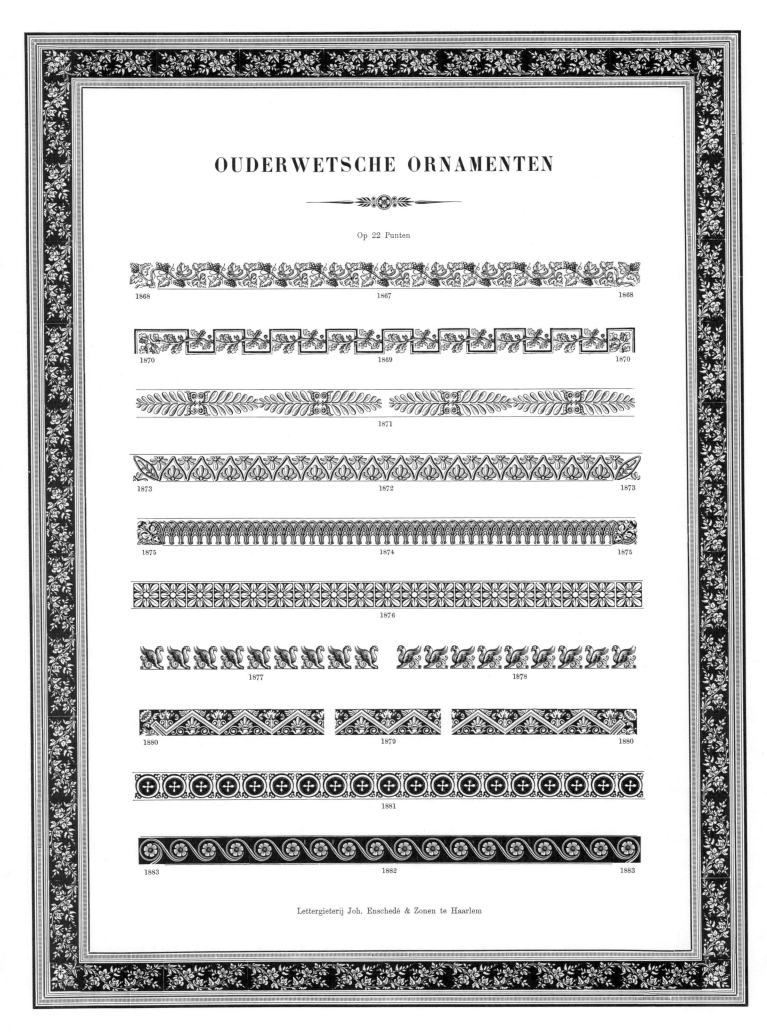

OUDERWETSCHE ORNAMENTEN

Op 22 Punten

1868 1867 1868

1870 1869 1870

1871

1873 1872 1873

1875 1874 1875

1876

1877 1878

1880 1879 1880

1881

1883 1882 1883

Lettergieterij Joh. Enschedé & Zonen te Haarlem

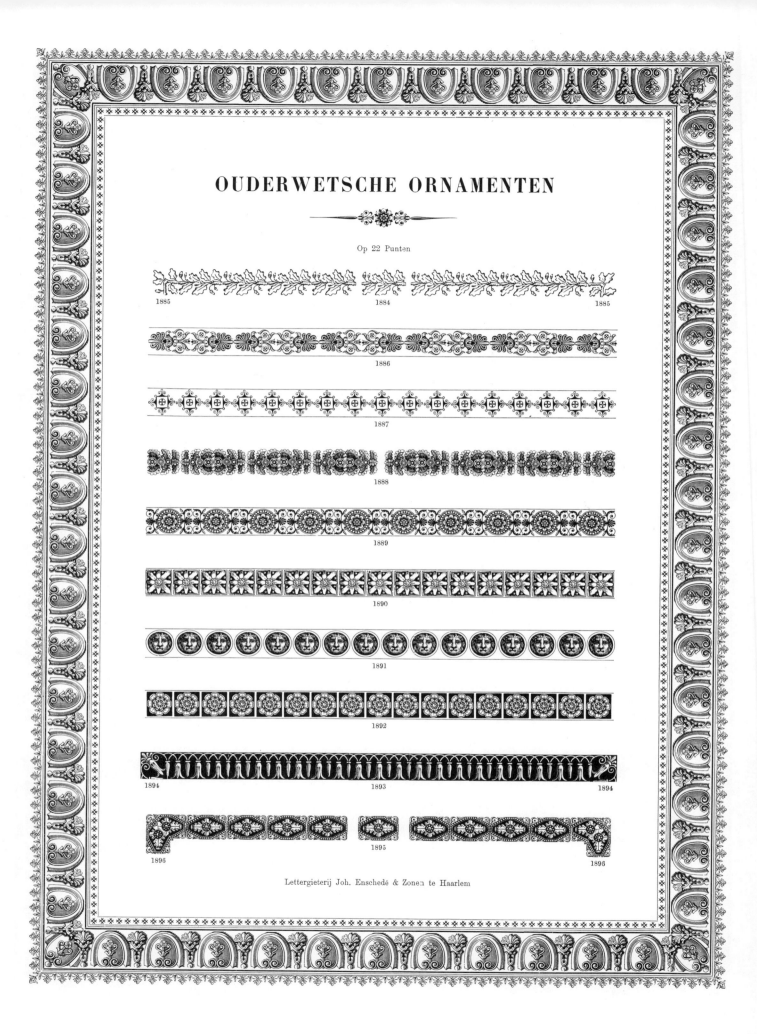

OUDERWETSCHE ORNAMENTEN

Op 22 Punten

1885 1884 1885

1886

1887

1888

1889

1890

1891

1892

1894 1893 1894

1896 1895 1896

Lettergieterij Joh. Enschedé & Zonen te Haarlem

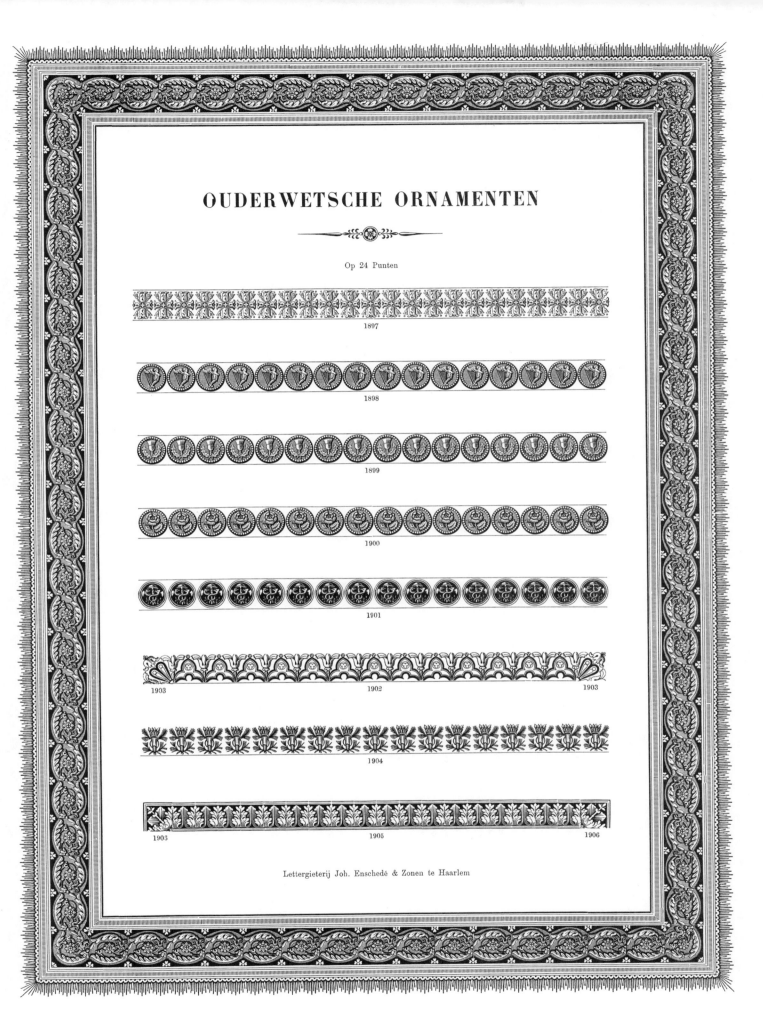

OUDERWETSCHE ORNAMENTEN

Op 24 Punten

1897

1898

1899

1900

1901

1903   1902   1903

1904

1903   1905   1906

Lettergieterij Joh. Enschedé & Zonen te Haarlem

OUDERWETSCHE ORNAMENTEN

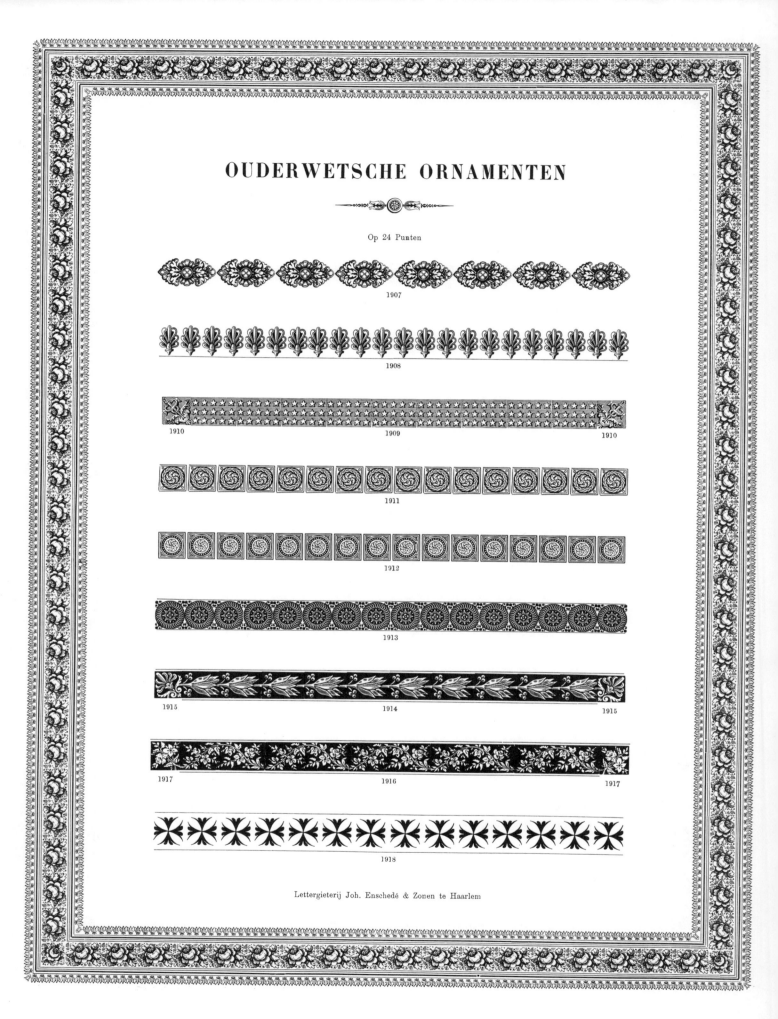

Op 24 Punten

1907

1908

1910 1909 1910

1911

1912

1913

1915 1914 1915

1917 1916 1917

1918

Lettergieterij Joh. Enschedé & Zonen te Haarlem

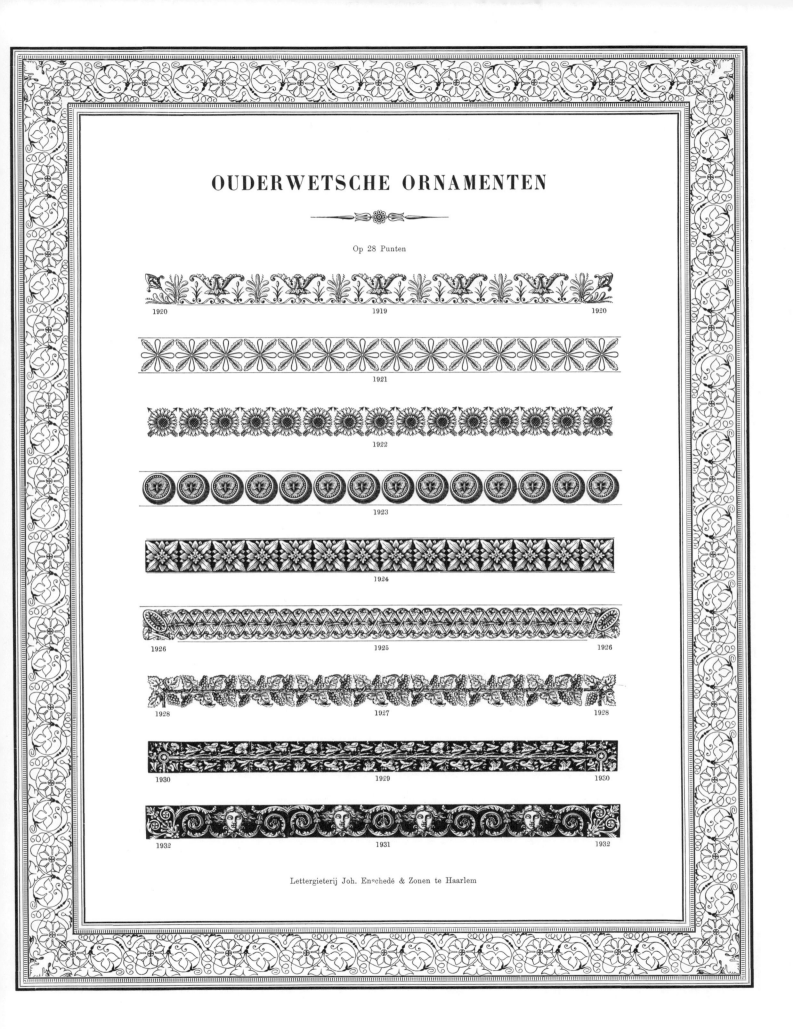

OUDERWETSCHE ORNAMENTEN

Op 28 Punten

OUDERWETSCHE ORNAMENTEN

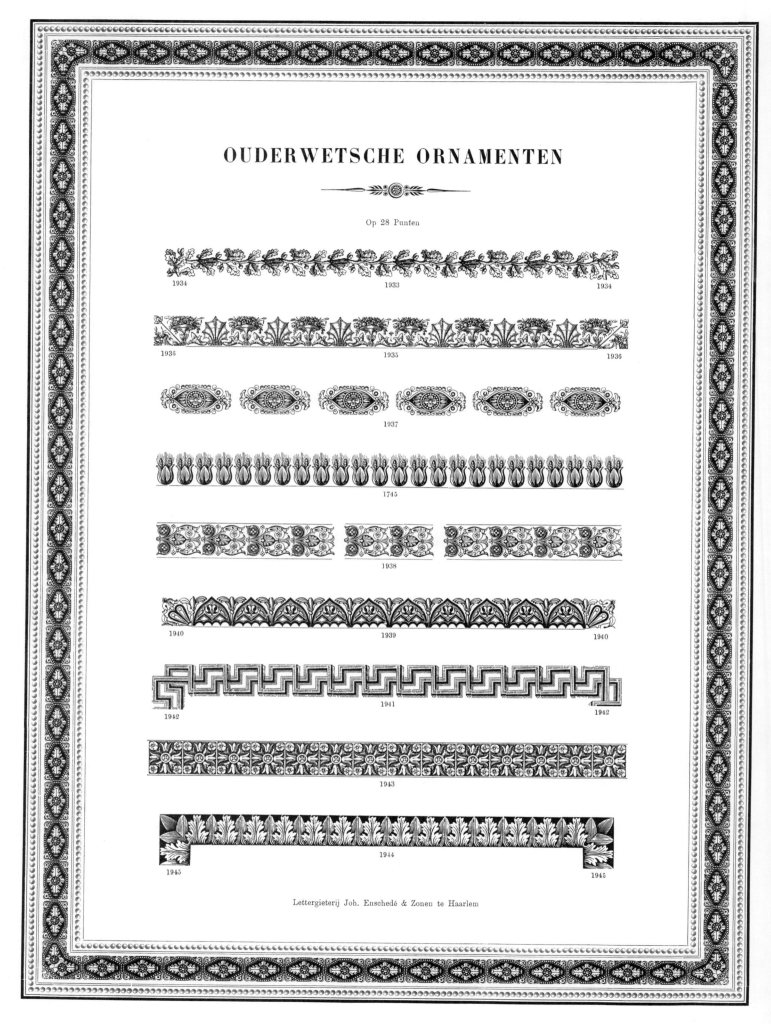

Op 28 Punten

1934   1933   1934

1936   1935   1936

1937

1745

1938

1940   1939   1940

1942   1941   1942

1943

1945   1944   1945

Lettergieterij Joh. Enschedé & Zonen te Haarlem

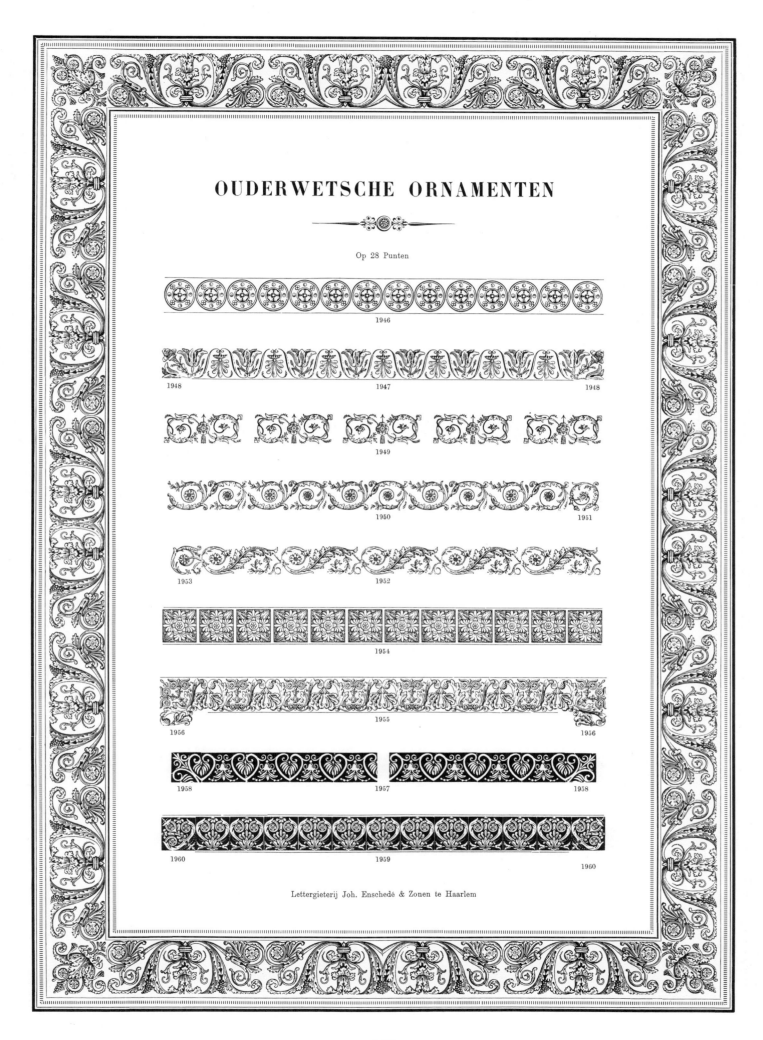

OUDERWETSCHE ORNAMENTEN

Op 28 Punten

1946

1948 1947 1948

1949

1950 1951

1953 1952

1954

1956 1955 1956

1958 1957 1958

1960 1959 1960

Lettergieterij Joh. Enschedé & Zonen te Haarlem

OUDERWETSCHE ORNAMENTEN

Op 30 Punten

1961   1961

1962   1962

1964   1963   1964

1966   1965   1966

1967

1968

1969   1969

1971   1970   1971

1973   1972   1773

Lettergieterij Joh. Enschedé & Zonen te Haarlem

OUDERWETSCHE ORNAMENTEN

Op 32 Punten

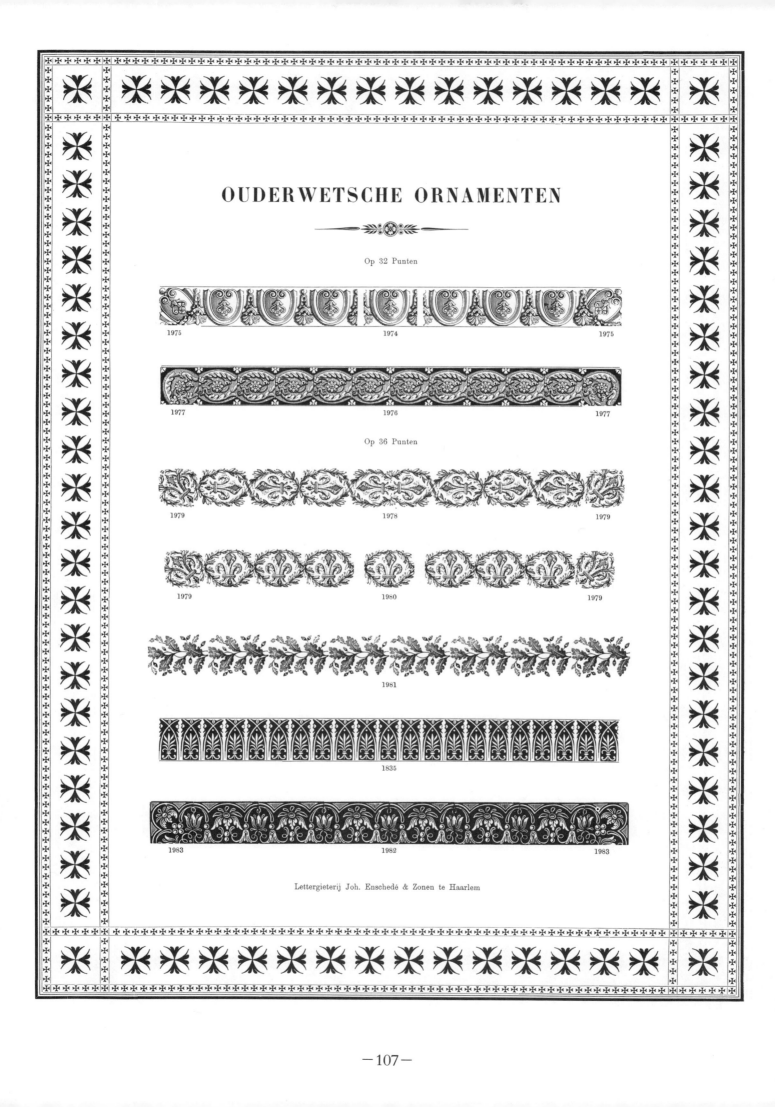

1975   1974   1975

1977   1976   1977

Op 36 Punten

1979   1978   1979

1979   1980   1979

1981

1835

1983   1982   1983

Lettergieterij Joh. Enschedé & Zonen te Haarlem

OUDERWETSCHE ORNAMENTEN

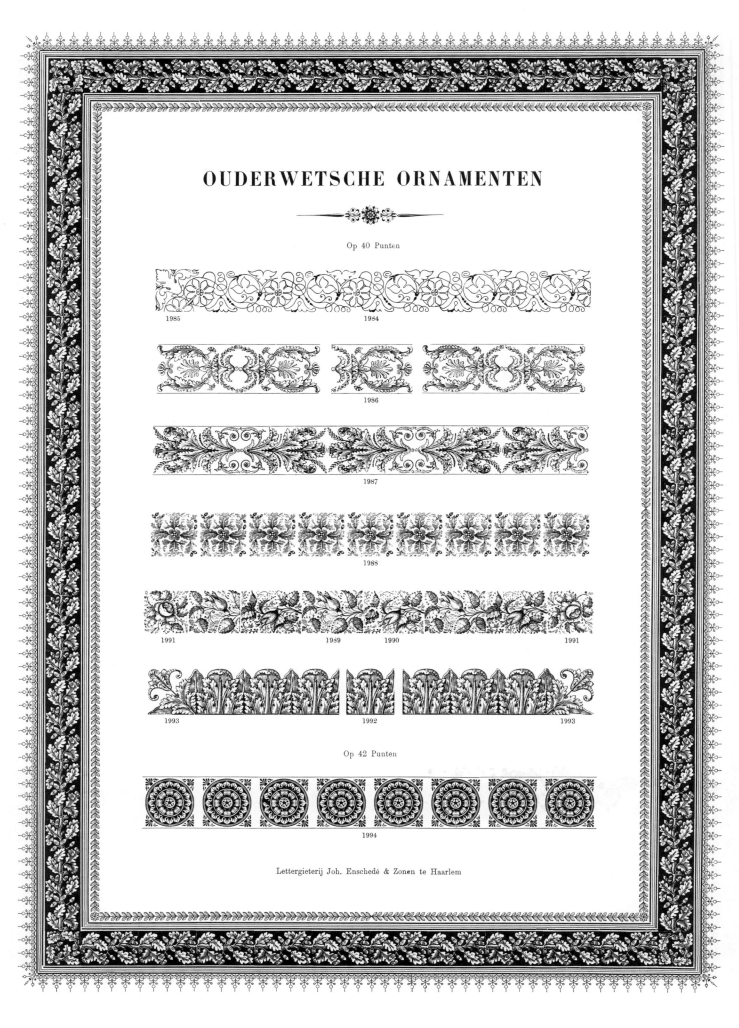

Op 40 Punten

1985   1984

1986

1987

1988

1991   1989   1990   1991

1993   1992   1993

Op 42 Punten

1994

Lettergieterij Joh. Enschedé & Zonen te Haarlem

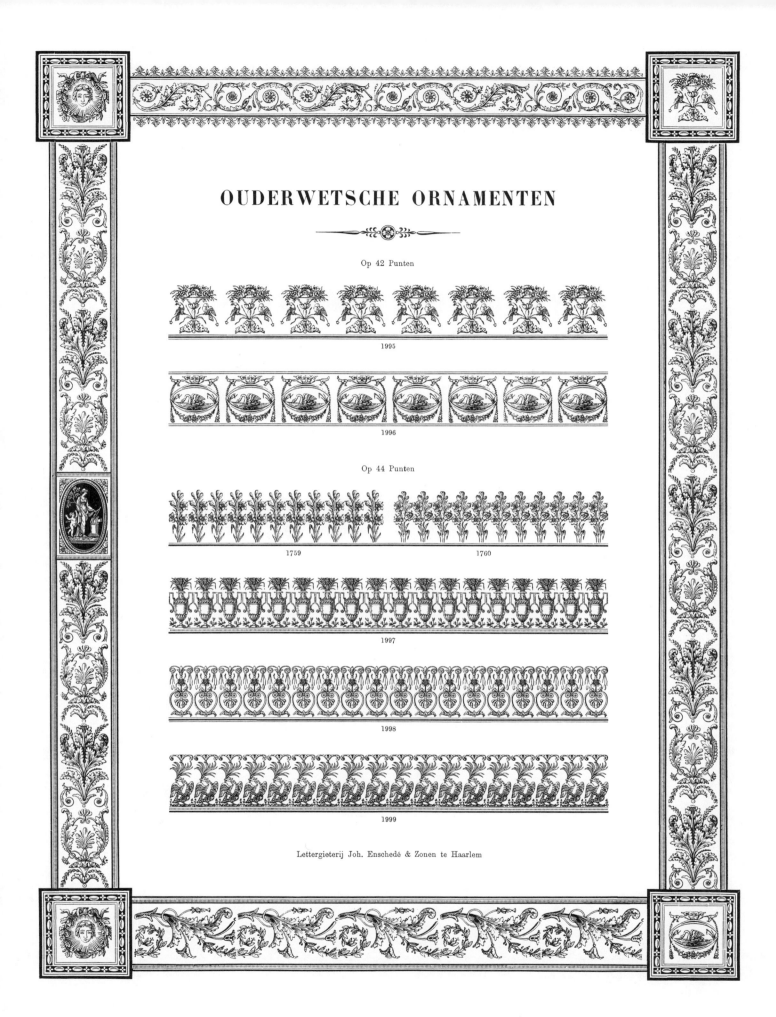

OUDERWETSCHE ORNAMENTEN

Op 42 Punten

1995

1996

Op 44 Punten

1759   1760

1997

1998

1999

Lettergieterij Joh. Enschedé & Zonen te Haarlem

OUDERWETSCHE ORNAMENTEN

Op 44 Punten

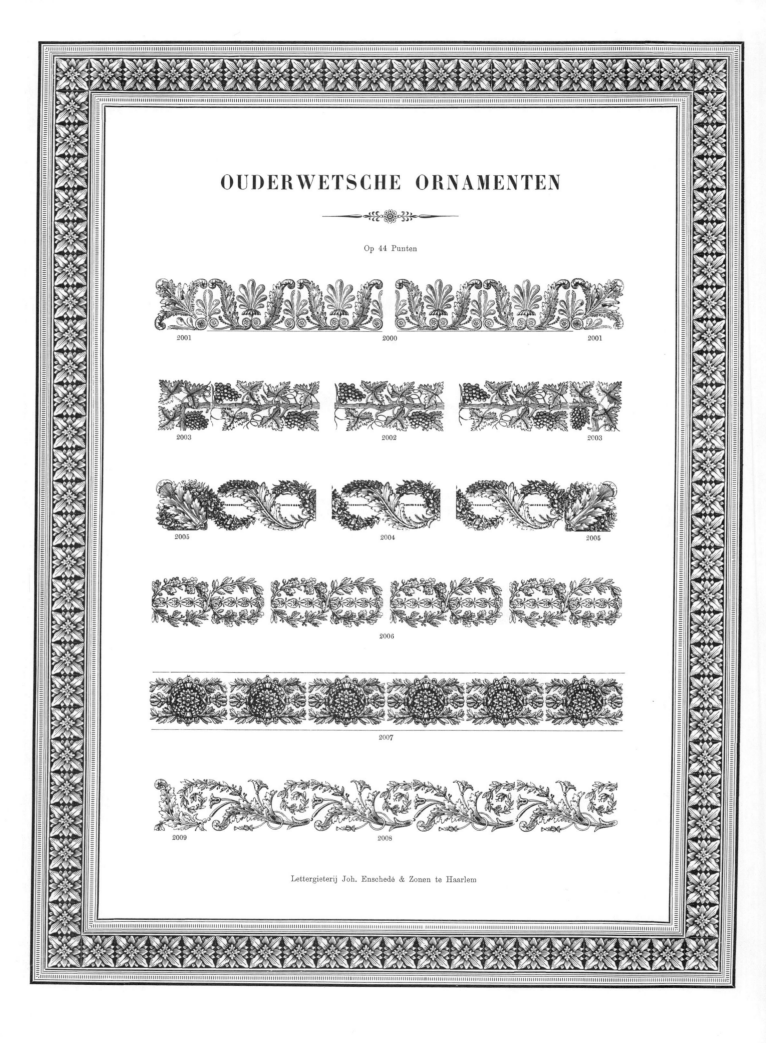

2001　　　　2000　　　　2001

2003　　　　2002　　　　2003

2005　　　　2004　　　　2005

2006

2007

2009　　　　2008

Lettergieterij Joh. Enschedé & Zonen te Haarlem

OUDERWETSCHE ORNAMENTEN

Op 44 Punten

2010

Op 48 Punten

2011

2013   2012

2014

2015

2017   2016   2017

Lettergieterij Joh. Enschedé & Zonen te Haarlem

OUDERWETSCHE ORNAMENTEN

Op 48 Punten

2018

Op 66 Punten

2019

2021 2020 2021

2022

2023

Lettergieterij Joh. Enschedé & Zonen te Haarlem

ORNAMENTEN AAN EEN STUK

Lettergieterij Joh. Enschedé & Zonen te Haarlem

Op 12 Punten

2024

2025

2026

2027

Op 14 Punten

2028

2029

2030

2031

2032

2033

ORNAMENTEN AAN EEN STUK

Lettergieterij Joh. Enschedé & Zonen te Haarlem

Op 16 Punten

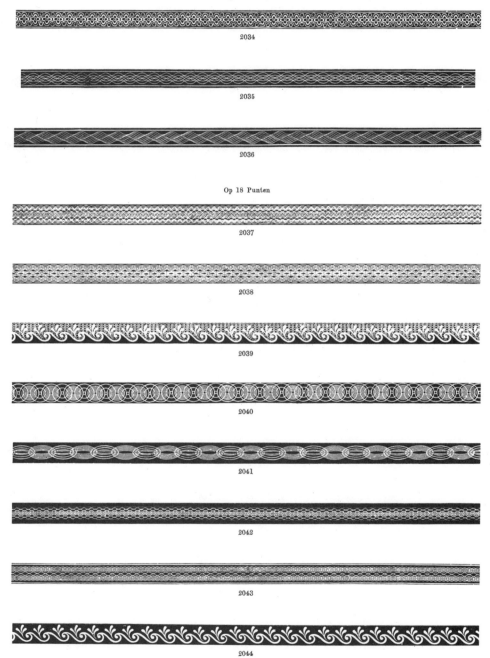

2034

2035

2036

Op 18 Punten

2037

2038

2039

2040

2041

2042

2043

2044

ORNAMENTEN AAN EEN STUK

Lettergieterij Joh. Enschedé & Zonen te Haarlem

Op 20 Punten

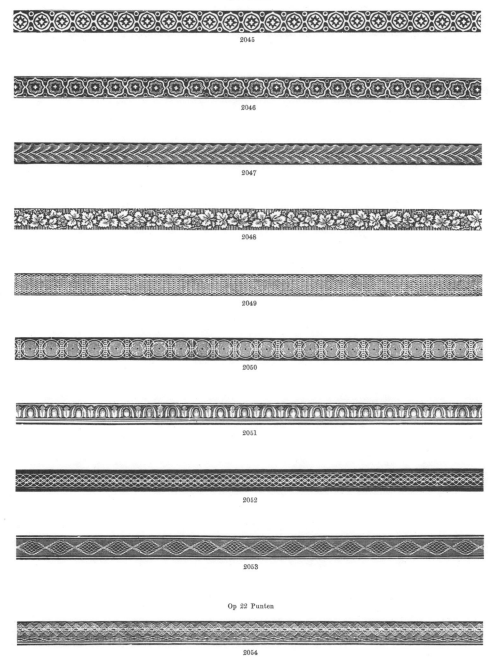

2045

2046

2047

2048

2049

2050

2051

2052

2053

Op 22 Punten

2054

ORNAMENTEN AAN EEN STUK

Lettergieterij Joh. Enschedé & Zonen te Haarlem

Op 22 Punten

2055

2056

2057

2058

2059

2060

2061

Op 24 Punten

2062

2063

ORNAMENTEN AAN EEN STUK

Lettergieterij Joh. Enschedé & Zonen te Haarlem

Op 24 Punten

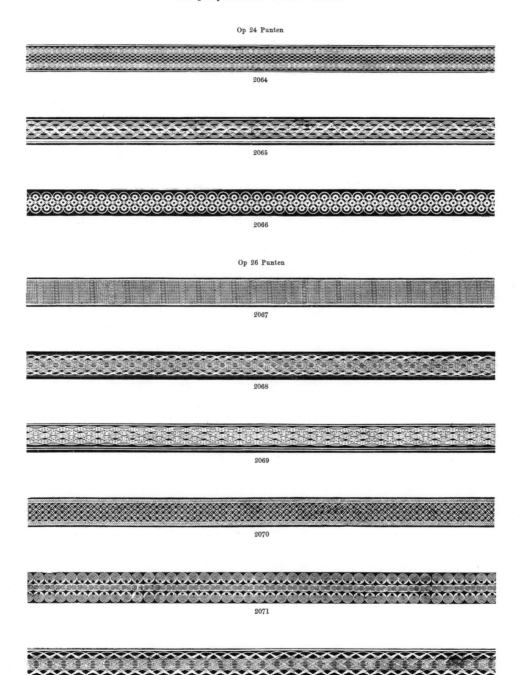

2064

2065

2066

Op 26 Punten

2067

2068

2069

2070

2071

2072

ORNAMENTEN AAN EEN STUK

Lettergieterij Joh. Enschedé & Zonen te Haarlem

Op 28 Punten

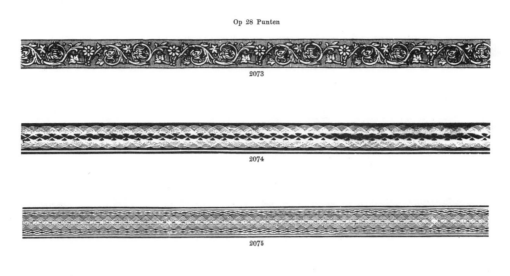

2073

2074

2075

2076

2077

2078

2079

Op 30 Punten

2080

ORNAMENTEN AAN EEN STUK

Lettergieterij Joh. Enschedé & Zonen te Haarlem

Op 30 Punten

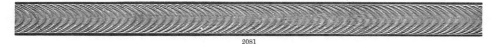

2081

2082

2083

Op 32 Punten

2084

2085

Op 34 Punten

2086

2087

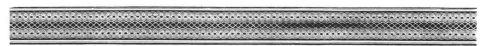

2088

ORNAMENTEN AAN EEN STUK

Lettergieterij Joh. Enschedé & Zonen te Haarlem

Op 34 Punten

2089

2090

Op 36 Punten

2091

2092

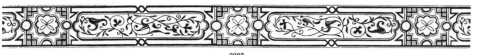

2093

2094

2095

ORNAMENTEN AAN EEN STUK

Lettergieterij Joh. Enschedé & Zonen te Haarlem

Op 36 Punten

2096

Op 38 Punten

2097

2098

2099

Op 40 Punten

2100

2101

Op 44 Punten

2102

ORNAMENTEN AAN EEN STUK

Lettergieterij Joh. Enschedé & Zonen te Haarlem

Op 44 Punten

2103

Op 46 Punten

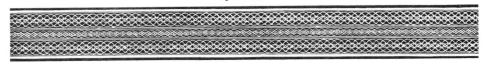

2104

Op 48 Punten

2105

2106

Op 50 Punten

2107

Op 52 Punten

2108

Op 54 Punten

2109

ORNAMENTEN AAN EEN STUK

Lettergieterij Joh. Enschedé & Zonen te Haarlem

Op 58 Punten

2110

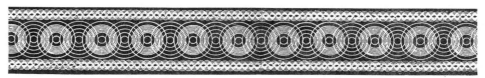

2111

2112

Op 64 Punten

2113

Op 70 Punten

2114

Op 76 Punten

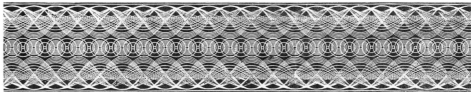

2115

ORNAMENTEN AAN EEN STUK

Lettergieterij Joh. Enschedé & Zonen te Haarlem

Op 76 Punten

2116

Op 80 Punten

2117

Op 88 Punten

2118

Op 120 Punten

2119

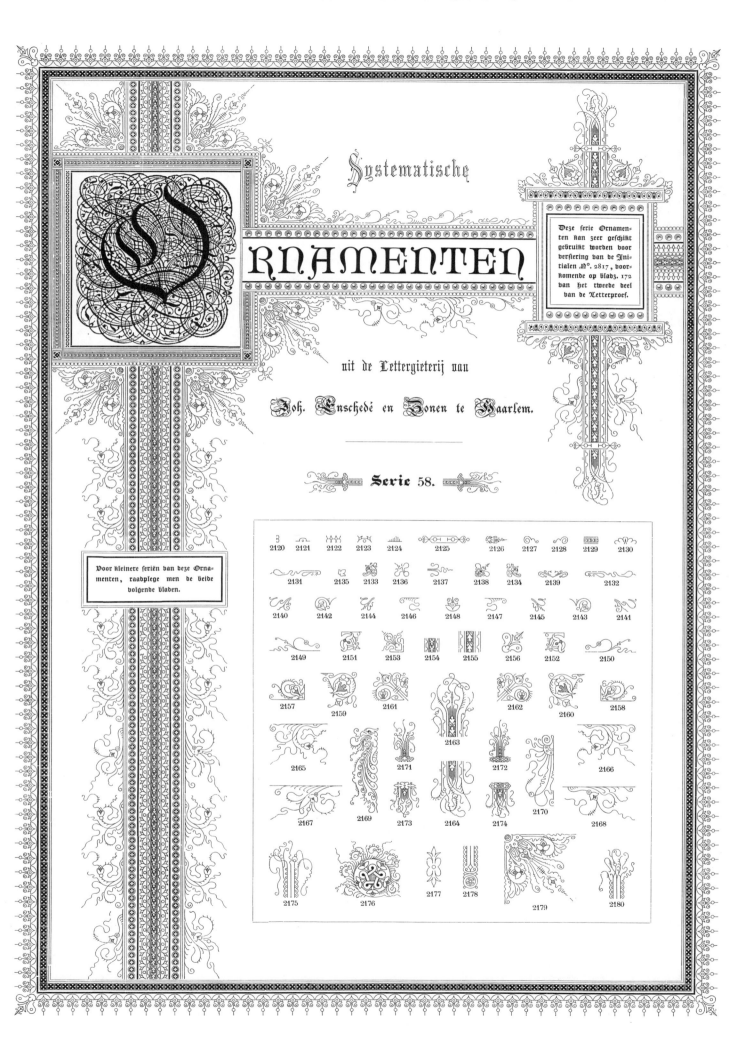

Systematische

ORNAMENTEN

uit de Lettergieterij van

Joh. Enschedé en Zonen te Haarlem.

Deze serie Ornamenten kan zeer geschikt gebruikt worden voor versiering van de Initialen N°. 2817, voorkomende op bladz. 172 van het tweede deel van de Letterproef.

Serie 58.

Voor kleinere seriën van deze Ornamenten, raadplege men de beide volgende bladen.

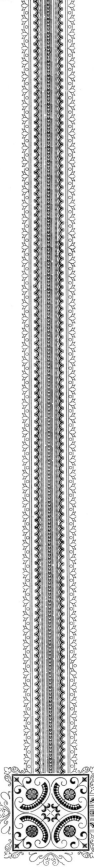

 # Systematische Ornamenten.

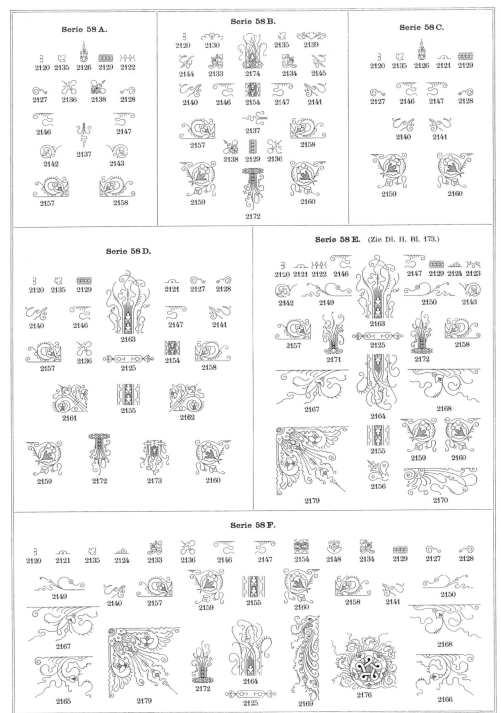

Serie 58 A.

2120 2135 2126 2129 2122
2127 2136 2138 2128
2146 2147
2142 2137 2143
2157 2158

Serie 58 B.

2120 2130 2135 2139
2144 2133 2174 2134 2145
2140 2146 2154 2147 2141
2137
2157 2158
2138 2129 2136
2159 2160
2172

Serie 58 C.

2120 2135 2126 2121 2129
2127 2146 2147 2128
2140 2141
2159 2160

Serie 58 D.

2120 2135 2129 2121 2127 2128
2140 2146 2147 2141
2163
2136 2125 2154 2158
2157 2158
2161 2155 2162
2159 2172 2173 2160

Serie 58 E. (Zie Dl. II. Bl. 173.)

2120 2121 2122 2146 2147 2129 2124 2123
2142 2149 2150 2143
2163
2157 2125 2158
2171 2172
2167 2168
2164
2155 2159 2160
2156
2179 2170

Serie 58 F.

2120 2121 2135 2124 2133 2136 2146 2147 2154 2148 2134 2129 2127 2128
2149 2140 2157 2159 2155 2160 2158 2141 2150
2167
2165 2179 2172 2164 2125 2169 2176 2166
2168

Lettergieterij JOH. ENSCHEDÉ EN ZONEN te Haarlem.

OH. ENSCHEDÉ EN ZONEN TE HAARLEM

LETTERGIETERIJ, STEREOTYPIE, GALVANOPLASTIE

Serie 58 F.

Serie 58 A.

Serie 58 A.

Serie 58 D.

Serie 58 D.

Serie 58 D.

Serie 58 D.

Serie 58 B.

Serie 58 B.

Serie 58 B.

Serie 58 C.

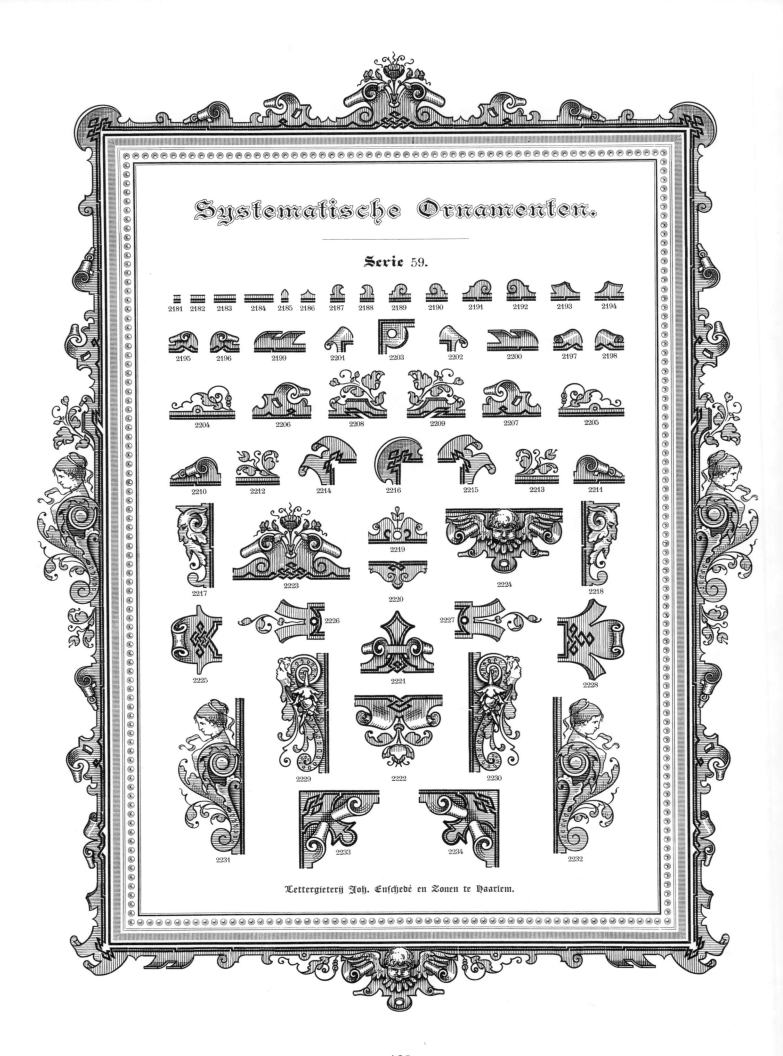

Systematische Ornamenten.

Serie 59.

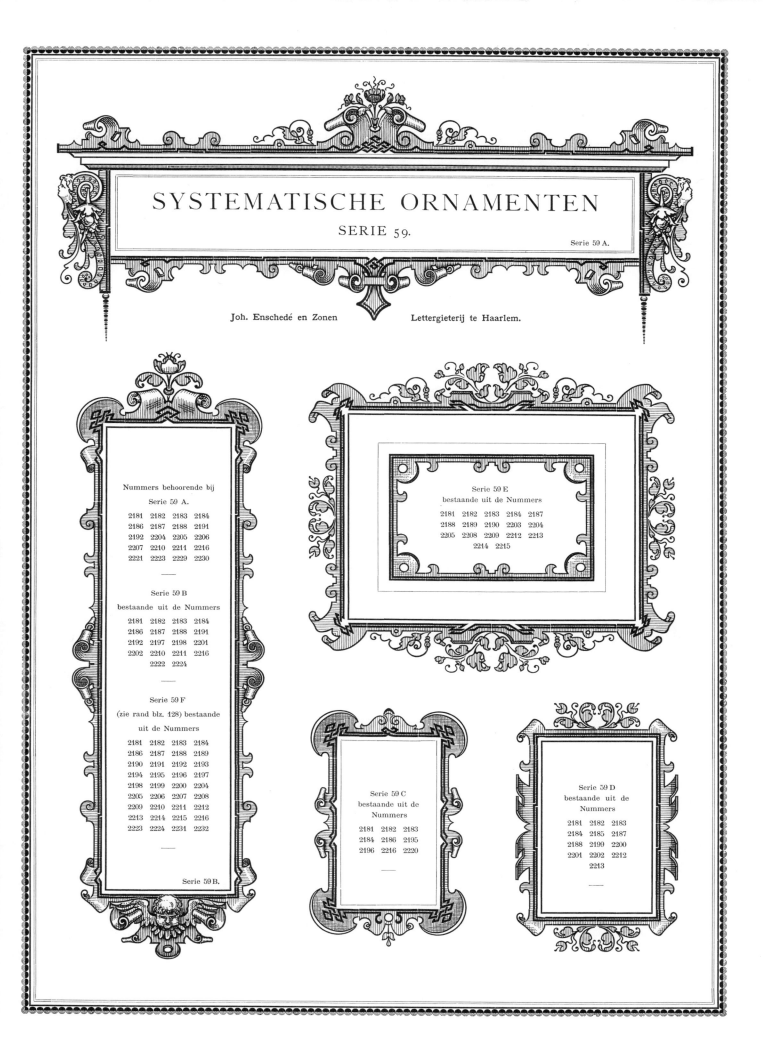

SYSTEMATISCHE ORNAMENTEN
SERIE 59.

Serie 59 A.

Joh. Enschedé en Zonen   Lettergieterij te Haarlem.

Nummers behoorende bij

Serie 59 A.

2181	2182	2183	2184
2186	2187	2188	2191
2192	2204	2205	2206
2207	2210	2211	2216
2221	2223	2229	2230

Serie 59 B

bestaande uit de Nummers

2181	2182	2183	2184
2186	2187	2188	2191
2192	2197	2198	2201
2202	2210	2211	2216
	2222	2224	

Serie 59 F

(zie rand blz. 128) bestaande

uit de Nummers

2181	2182	2183	2184
2186	2187	2188	2189
2190	2191	2192	2193
2194	2195	2196	2197
2198	2199	2200	2204
2205	2206	2207	2208
2209	2210	2211	2212
2213	2214	2215	2216
2223	2224	2231	2232

Serie 59 B.

Serie 59 E
bestaande uit de Nummers

2181	2182	2183	2184	2187
2188	2189	2190	2203	2204
2205	2208	2209	2212	2213
	2214	2215		

Serie 59 C
bestaande uit de
Nummers

2181	2182	2183
2184	2186	2195
2196	2216	2220

Serie 59 D
bestaande uit de
Nummers

2181	2182	2183
2184	2185	2187
2188	2199	2200
2201	2202	2212
	2213	

Systematische Ornamenten.

SERIE 60.

2235 2236 2237 2238 2239 2240 2245 2246 2241 2242 2243 2244

2247 2248 2249 2250 2251 2252 2253 2254 2255 2256 2257

2258 2259 2260 2261 2262 2263 2264 2265 2266 2267

2268 2269 2270 2271 2273 2272 2274 2275 2276 2277

2278 2279 2281 2282 2280 2286 2283 2284 2285 2287 2288

2289 2290 2291 2292 2293

Serie 60 A.

2237 2255 2256 2239
2248 2245 2246 2249
2241 2238 2240
2242 2235 2236 2243
2266 2244 2267
2289 2290
2286

Serie 60 B.

2235 2242 2243 2236
2237 2238 2241
2253 2254
2248 2247 2249
2274
2292 2277 2293

Serie 60 C.

2235 2237 2239 2236
2242 2238 2243
2241 2245 2246 2247
2281 2282
2266 2252 2275 2267
2244
2262 2255 2256 2263

Serie 60 D.

2237 2242 2243 2248 2249 2255 2256 2250 2251 2257 2241
2269 2270 2258 2259 2286 2266 2267 2281 2282
2264 2265 2262 2263 2254 2280 2260 2261 2271 2272

Lettergieterij JOH. ENSCHEDÉ EN ZONEN te Haarlem.

Systematische Ornamenten.

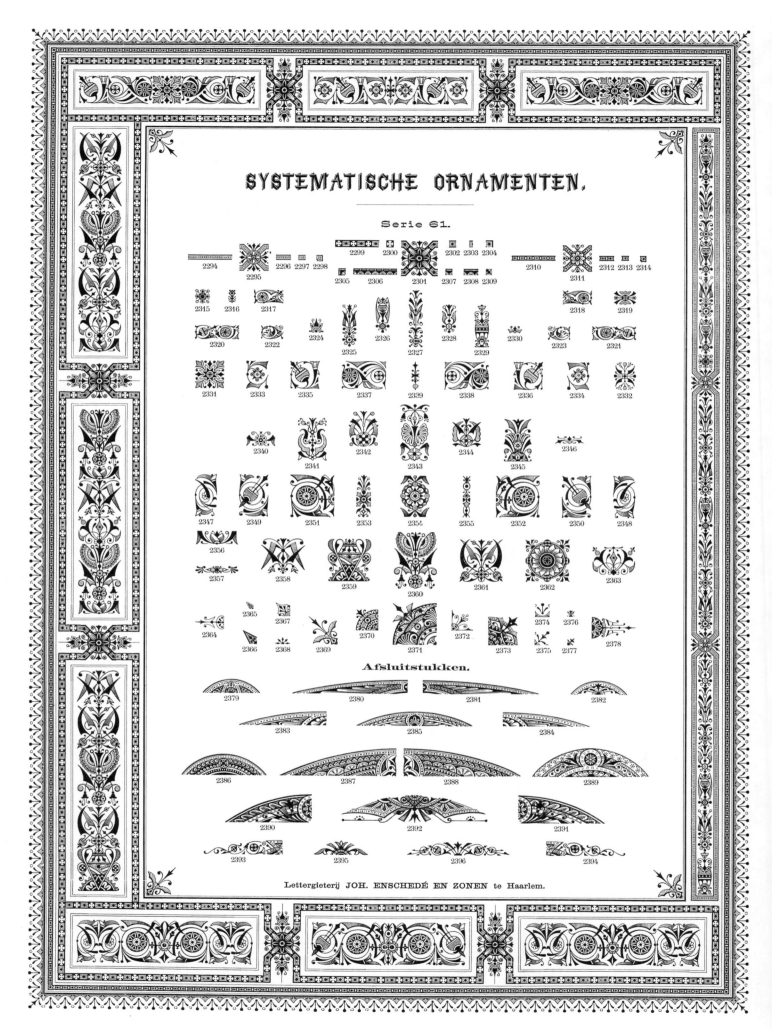

SYSTEMATISCHE ORNAMENTEN.

Serie 61.

Afsluitstukken.

Lettergieterij JOH. ENSCHEDÉ EN ZONEN te Haarlem.

LETTERGIETERIJ

JOH. ENSCHEDÉ EN ZONEN

TE HAARLEM.

Serie 61 G

Serie 61 G

Serie 61 A

2294	2295	2296	2297	2298
2315	2316	2317	2318	2324
2325	2326	2329	2330	2364
2365	2366	2368	2370	2372
	2374	2375	2378	

Serie 61 B

2299	2300	2301	2302	2303
2304	2319	2320	2321	2322
2323	2324	2327	2328	2329
2330	2367	2369	2371	2373
	2374	2375		

Serie 61 C

2305	2306	2307	2308	2309
2331	2332	2333	2334	2335
2336	2337	2338	2339	2340
2341	2342	2343	2344	2345
2346	2364	2366	2368	2370
2372	2373	2376	2377	2378

Serie 61 D

2310	2311	2312	2313	2314
2347	2348	2349	2350	2351
2352	2353	2354	2355	2356
2357	2358	2359	2360	2361
2362	2363	2364	2365	2366
2368	2369	2370	2372	2374
	2375	2378		

Serie 61 E (Afsluitstukken)

2379	2382	2383	2384	2386
	2390	2391	2395	

Serie 61 F (Afsluitstukken)

2380	2381	2385	2387	2388
2389	2392	2393	2394	2396

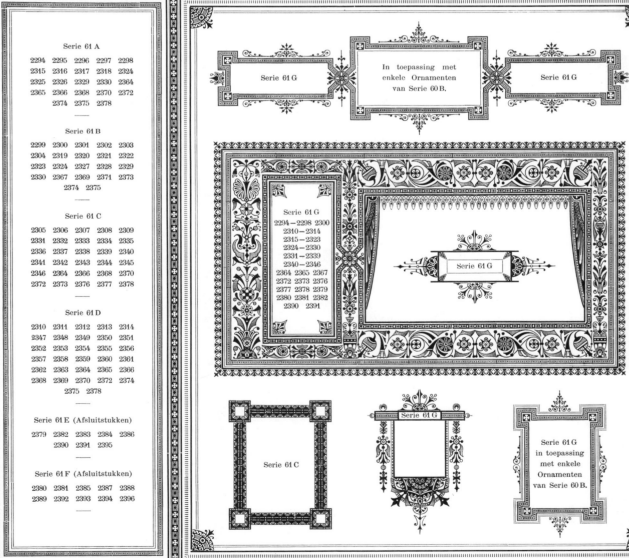

Serie 61 G

Serie 61 G

In toepassing met enkele Ornamenten van Serie 60 B.

Serie 61 G
2294—2298 2300
2310—2314
2315—2323
2324—2330
2331—2339
2340—2346
2364 2365 2367
2372 2373 2376
2377 2378 2379
2380 2381 2382
2390 2391

Serie 61 G

Serie 61 C

Serie 61 G

Serie 61 G in toepassing met enkele Ornamenten van Serie 60 B.

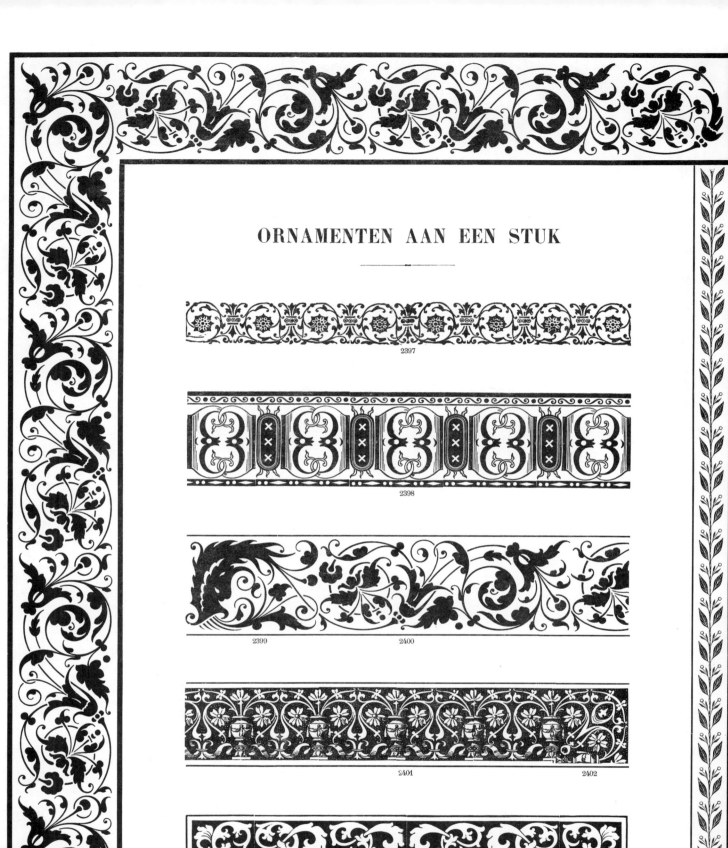

ORNAMENTEN AAN EEN STUK

2397

2398

2399   2400

2401   2402

2403   2404

Lettergieterij Joh. Enschedé & Zonen te Haarlem

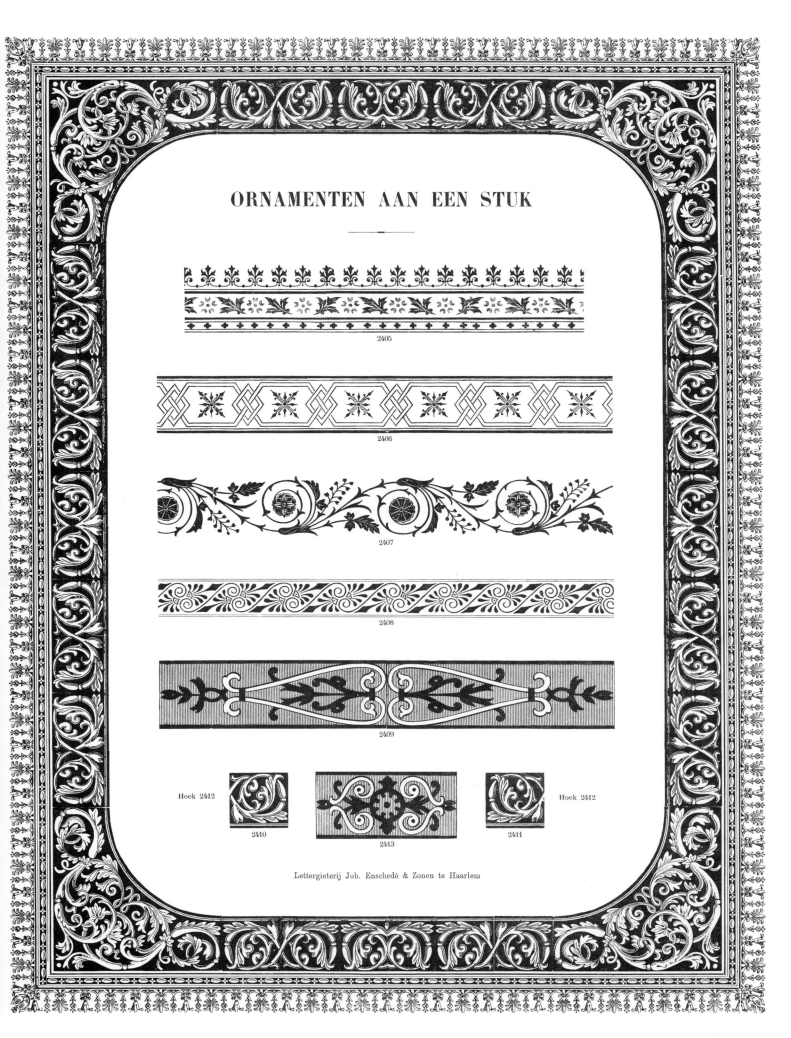

ORNAMENTEN AAN EEN STUK

2405

2406

2407

2408

2409

Hoek 2442   2440   2443   2441   Hoek 2442

Lettergieterij Joh. Enschedé & Zonen te Haarlem

JOH. ENSCHEDÉ EN ZONEN
LETTERGIETERIJ TE HAARLEM.

Systematische Ornamenten.

2414 2415 2416 2417 2418 2419 2420 2422 2424 2423 2421

2425 2426 2427 2428 2429

Serie 62.

Serie 62 A

2420 2421 2422 2423 2424

Serie 62 B

2414 2415 2416 2417 2418

2431 2432 2431

2430   Serie 63.   2430

OUDERWETSCHE EN SYSTEMATISCHE ORNAMENTEN

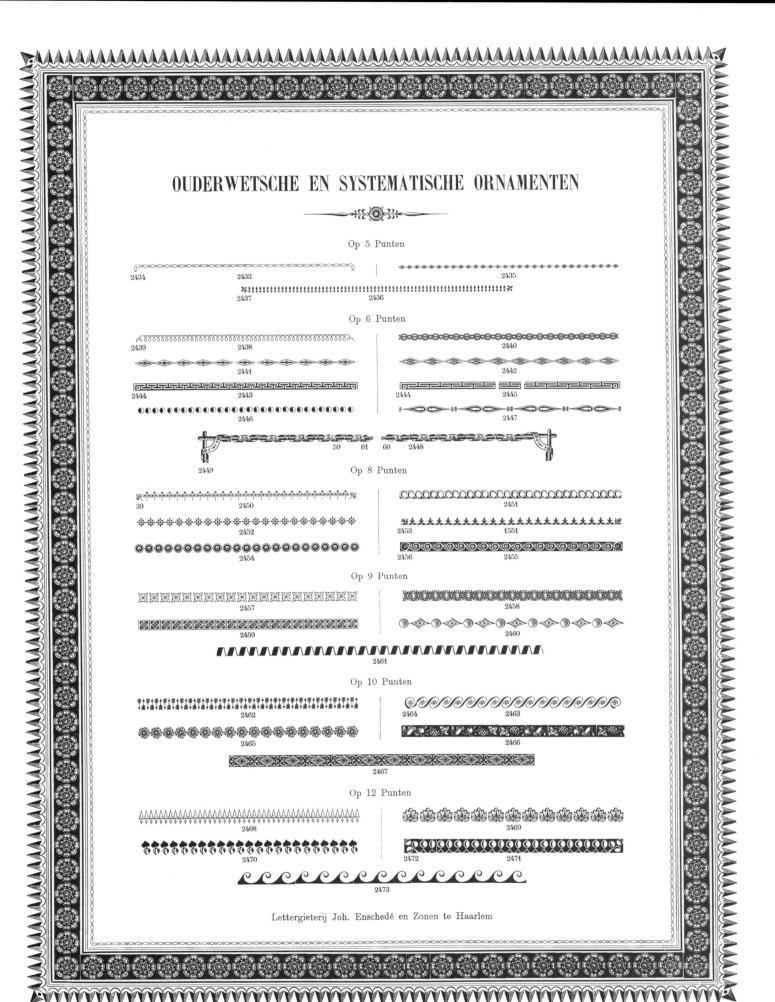

Op 5 Punten

2434 2433 2435
2437 2436

Op 6 Punten

2439 2438 2440
2441 2442
2444 2443 2444 2445
2446 2447
59 61 60 2448
2449

Op 8 Punten

39 2450 2451
2452 2453 1551
2454 2456 2455

Op 9 Punten

2457 2458
2459 2460
2461

Op 10 Punten

2462 2464 2463
2465 2466
2467

Op 12 Punten

2468 2469
2470 2472 2471
2473

Lettergieterij Joh. Enschedé en Zonen te Haarlem

OUDERWETSCHE ORNAMENTEN

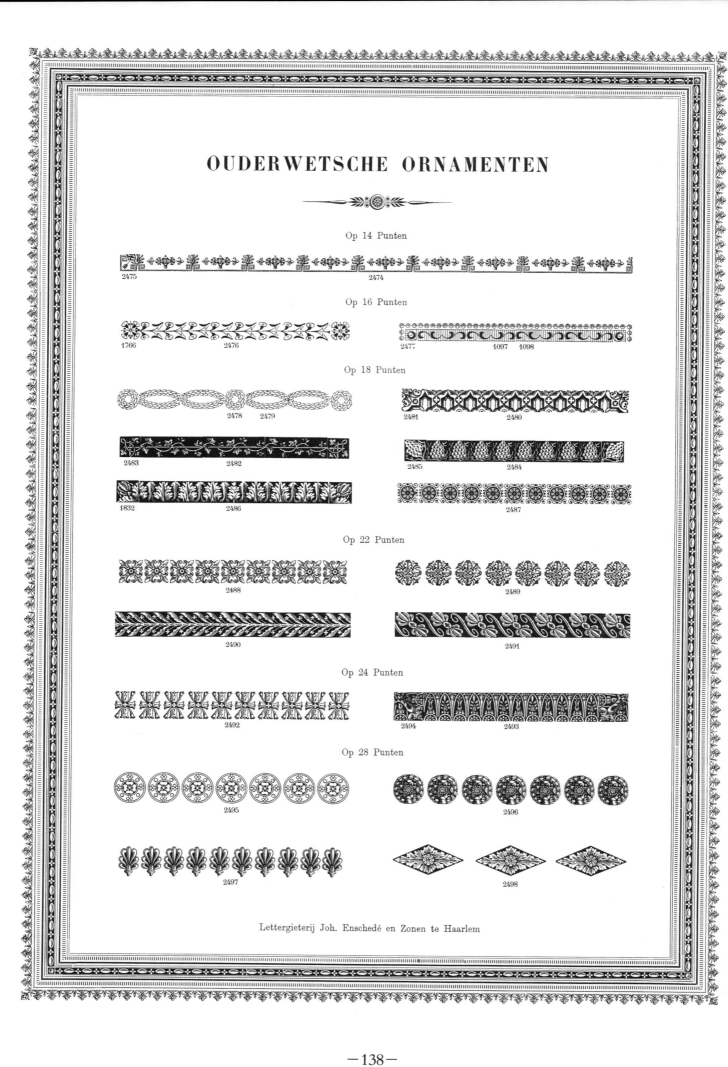

Op 14 Punten

2475 2474

Op 16 Punten

1766 2476 2477 1097 1098

Op 18 Punten

2478 2479 2481 2480

2483 2482 2485 2484

1832 2486 2487

Op 22 Punten

2488 2489

2490 2491

Op 24 Punten

2492 2494 2493

Op 28 Punten

2495 2496

2497 2498

Lettergieterij Joh. Enschedé en Zonen te Haarlem

OUDERWETSCHE ORNAMENTEN

Op 30 Punten

2499

2500

1932   1931   2501

2502

Op 36 Punten

2504   2503

Op 40 Punten

2506   2505

2507

Op 12 Punten, hoek op 40 Punten

2508   2509

2510

Op 20 Punten, hoek op 40 Punten

2511   348   349

Lettergieterij Joh. Enschedé en Zonen te Haarlem

OUDERWETSCHE ORNAMENTEN

Op 42 Punten   Op 48 Punten   Op 42 Punten

2512   2513   2512

Op 66 Punten

2514   2023

Op 72 Punten

2515   2516   2517

Op 40 Punten, hoek 78 Punten

2518   Zie ook Serie 45 op Pag. 64, N°. 1133.

Op 100 Punten

Op 60 Punten   Op 60 Punten

2519   2520   2521

Lettergieterij Joh. Enschedé en Zonen te Haarlem

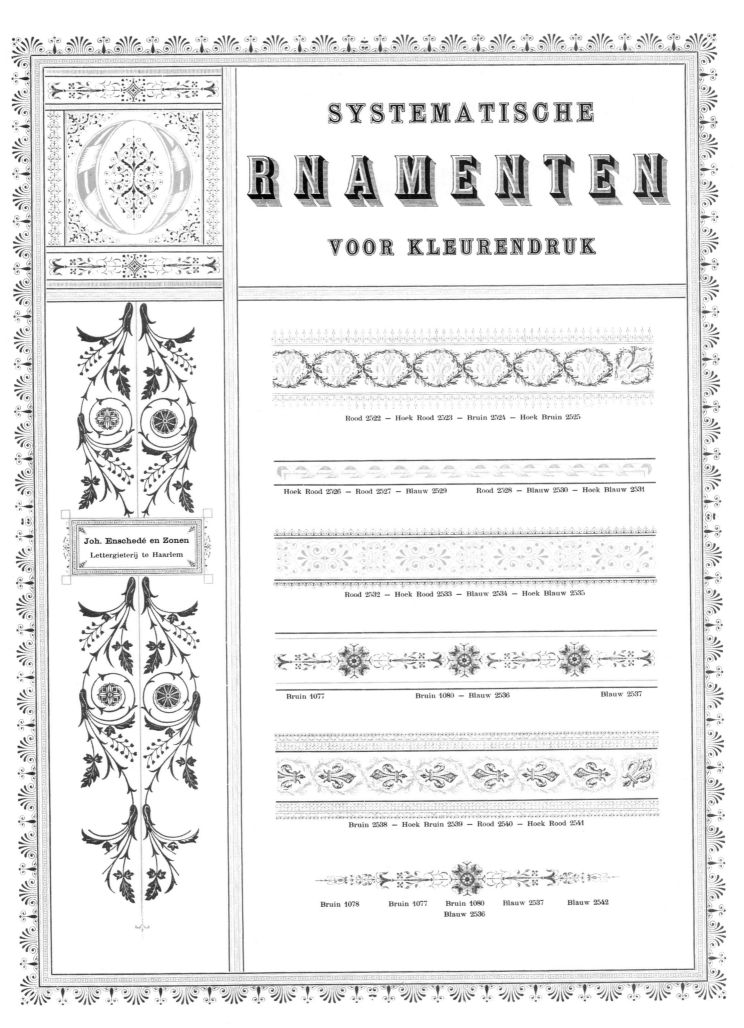

SYSTEMATISCHE

RNAMENTEN

VOOR KLEURENDRUK

Joh. Enschedé en Zonen
Lettergieterij te Haarlem

Rood 2522 — Hoek Rood 2523 — Bruin 2524 — Hoek Bruin 2525

Hoek Rood 2526 — Rood 2527 — Blauw 2529   Rood 2528 — Blauw 2530 — Hoek Blauw 2531

Rood 2532 — Hoek Rood 2533 — Blauw 2534 — Hoek Blauw 2535

Bruin 1077   Bruin 1080 — Blauw 2536   Blauw 2537

Bruin 2538 — Hoek Bruin 2539 — Rood 2540 — Hoek Rood 2541

Bruin 1078   Bruin 1077   Bruin 1080   Blauw 2537   Blauw 2542
Blauw 2536

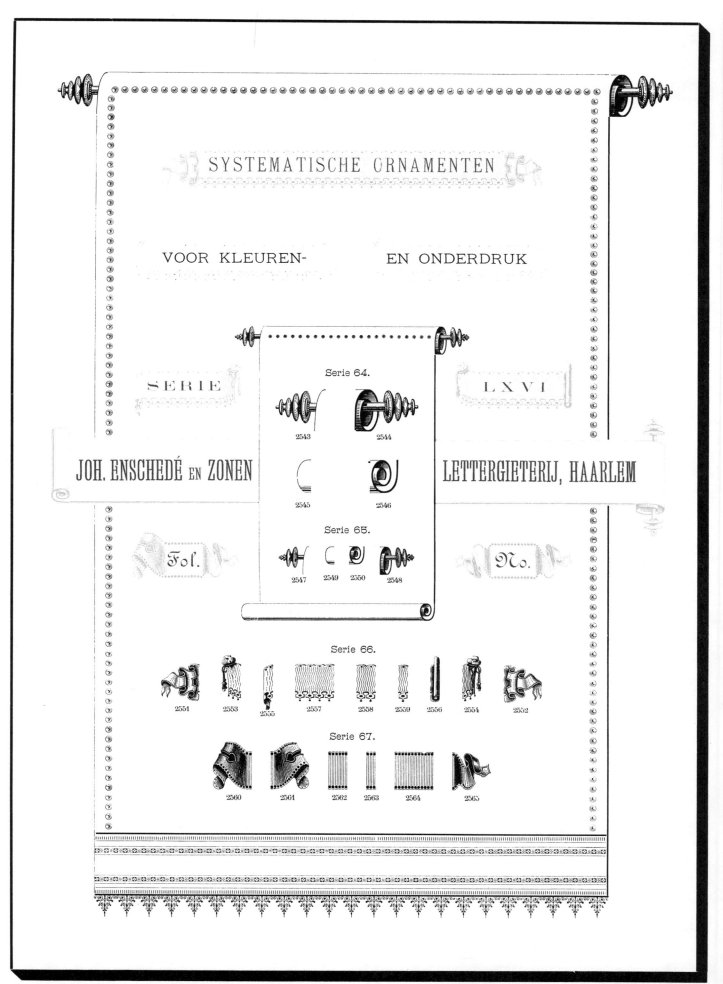

SYSTEMATISCHE ORNAMENTEN

VOOR KLEUREN-   EN ONDERDRUK

SERIE   LXVI

JOH. ENSCHEDÉ EN ZONEN   LETTERGIETERIJ, HAARLEM

Fol.   No.

Serie 64.

2543   2544

2545   2546

Serie 65.

2547   2549   2550   2548

Serie 66.

2551   2553   2555   2557   2558   2559   2556   2554   2552

Serie 67.

2560   2561   2562   2563   2564   2565

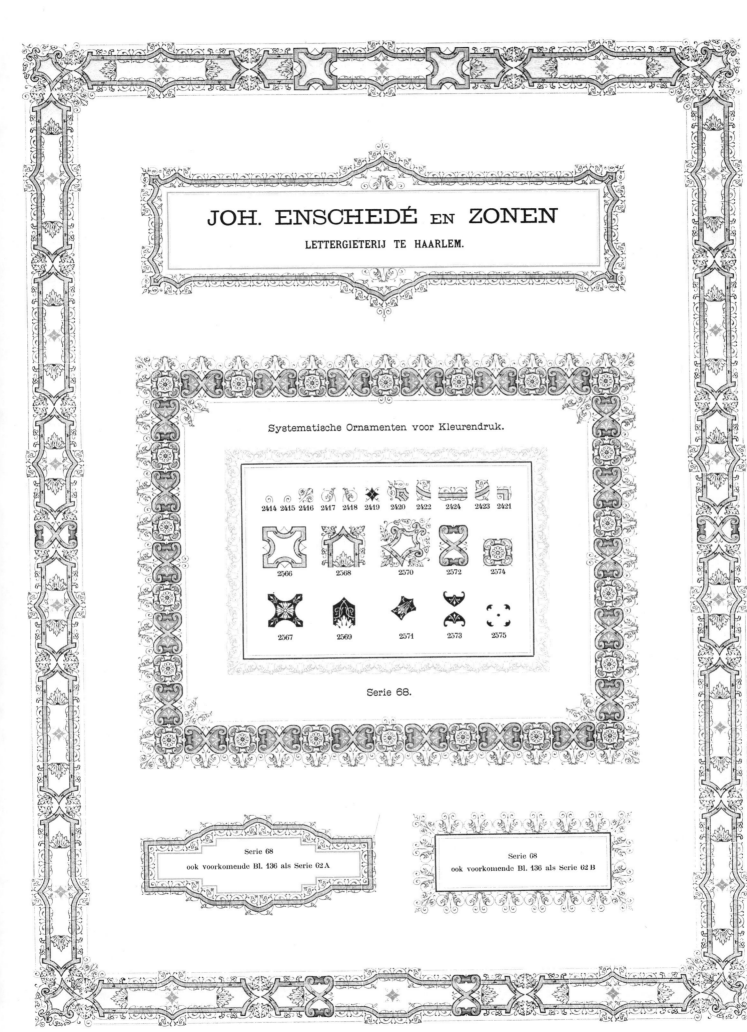

JOH. ENSCHEDÉ EN ZONEN

LETTERGIETERIJ TE HAARLEM.

Systematische Ornamenten voor Kleurendruk.

2414 2415 2416 2417 2418 2419 2420 2422 2424 2423 2421

2566 2568 2570 2572 2574

2567 2569 2571 2573 2575

Serie 68.

Serie 68
ook voorkomende Bl. 136 als Serie 62 A

Serie 68
ook voorkomende Bl. 136 als Serie 62 B

SYSTEMATISCHE ORNAMENTEN

Serie 69. 2576 2577 Op 18 punten. | **Serie 70.** 2584 2585 Op 24 punten.

2578 2579 2580 2581 2582 2583 | 2586 2587 2588 2589 2590 2591

Serie 35 van de Ornamenten, blz. 55, op 6 en 12 punten, kunnen voordeelig bij deze ornamenten gebruikt worden, zooals bij enkele voorbeelden is aangetoond.

Lettergieterij JOH. ENSCHEDÉ EN ZONEN te Haarlem.

Joh. Enschedé en Zonen

SYSTEMATISCHE ORNAMENTEN

SERIE 71.

2600 2598 2595 2593 2592 2594 2596 2597 2599

2604 2606 2602 2601 2603 2607 2605

2610 2612 2608 2614 2609 2613 2611

2615 2617 2619 2648 2616

2620 2622 2624 2623 2621

(De toepassing van Serie 71 is geplaatst op blz. 148.)

Lettergieterij te Haarlem

Systematische Ornamenten

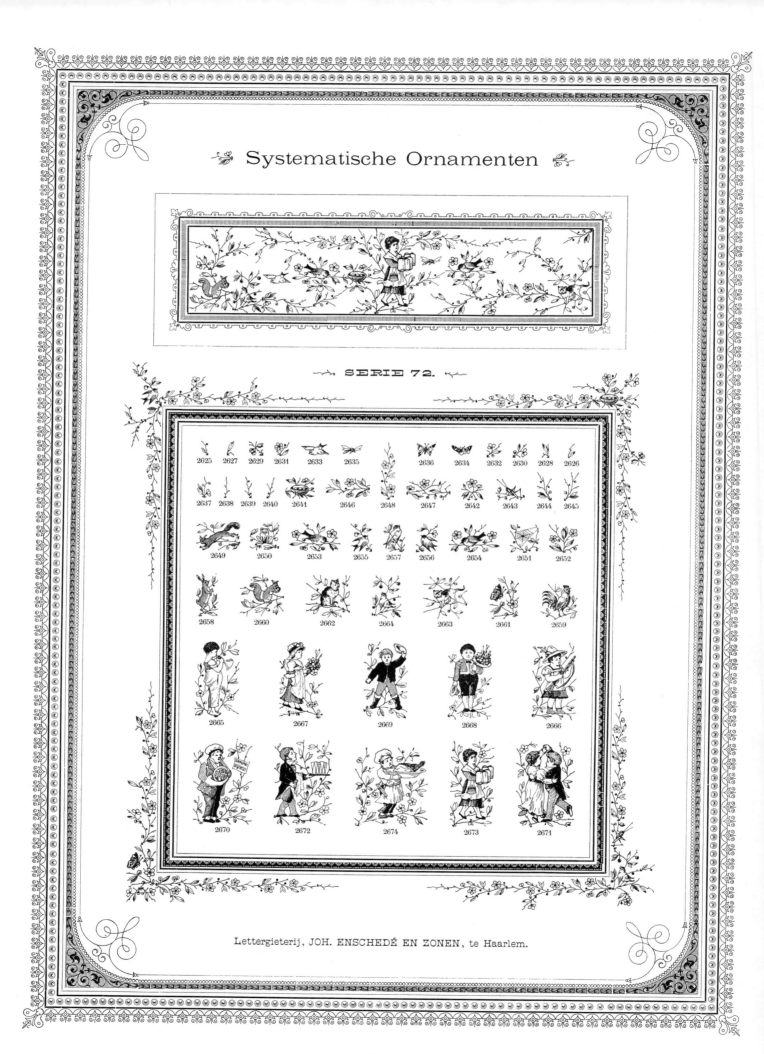

~◄ SERIE 72. ►~

Lettergieterij, JOH. ENSCHEDÉ EN ZONEN, te Haarlem.

JOH. ENSCHEDÉ EN ZONEN

Menu

Potage á la Reine
Consommé Printaniére
Boeuf d'Hambourg
Côtelettes d'Agneaux
Asperges en branches
Compôte
Saumon à la Mayonaise
—
Fruits et Dessert

Wijnen

Pontet Canet
Pommies Agassac Ludon
Cantemerle
St. Seurin de Cadourne
Chambertin
Graves Neac Barreau
Marcobruner
Dulamon Blanquefort
Gilbert

HARTELIJKE GELUKWENSCH

Telephoon Maatschappij

Programma.

1. Brucker Lager–Marsch . Kral.
2. Fest–Ouverture . . . . . Auber.
3. Salonstück . . . . Saro.
4. Im Frühling, Lied . . . Gounod.
5. Künstlerleben, Wals . . . Strauss.

Pauze.

HERDENKING
VAN
HET 100-JARIG BESTAAN
VAN DE
VEREENIGING
„HOE MEER ZIELEN, HOE MEER VREUGD"

1 Januari 1891.

Programma.

6. Ouverture zu ‚Tannhäuser' Wagner.
7. Potpourri . . . . Conradi.
8. La Reveille du Lion . . . Kontsky.
9. Ungarische Rapsodie . . Liszt.
10. Polka – Schnell . . . . . Fahrbach.

Bal.

Complete
Dichtwerken
voor
jonge
Dames.

HERFST-BLOEMEN

Wijk aan Zee
1891

Lettergieterij
van
JOH. ENSCHEDÉ
en
ZONEN
te
Haarlem.

De

Postzegelverzamelaar

door

Hans Stempelburg.

J. BRUNSWIJK.

WANDELINGEN

DOOR

SOERAKARTA.

Derde Druk

1891

MINNEBRIEVEN

VOOR JONG EN OUD

Naar het Deensch

DOOR

AMOR.

Zie blz. 145.

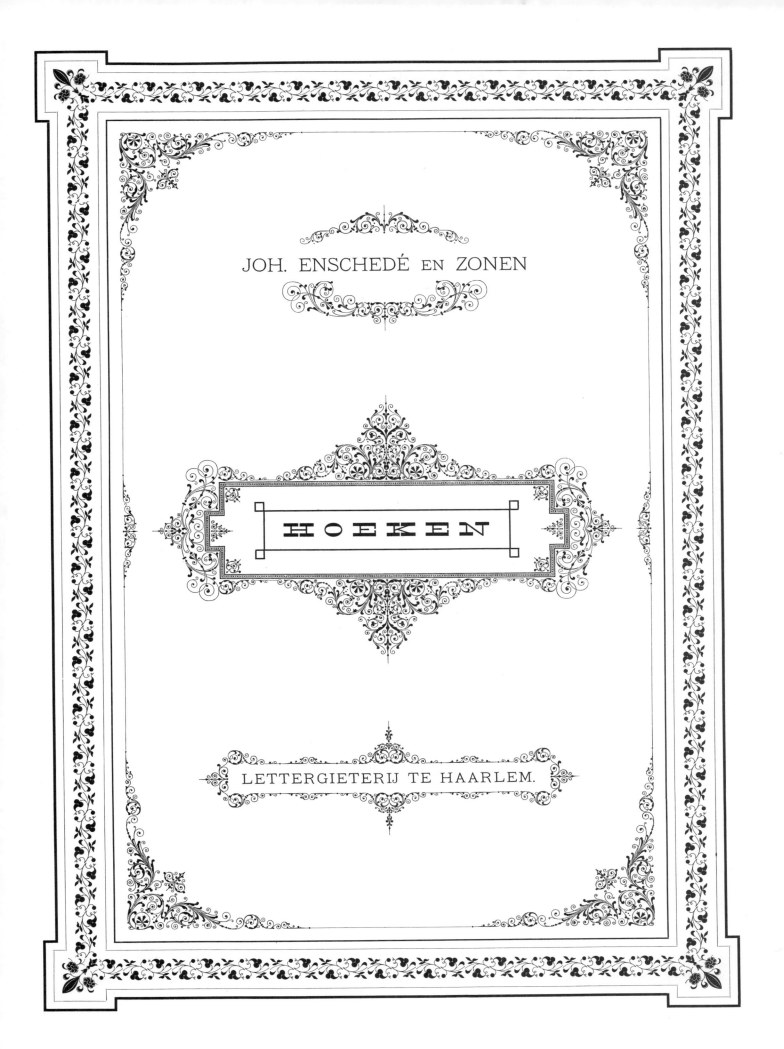

JOH. ENSCHEDÉ EN ZONEN

HOEKEN

LETTERGIETERIJ TE HAARLEM.

Systematische Hoeken

Lettergieterij JOH. ENSCHEDÉ EN ZONEN te Haarlem.

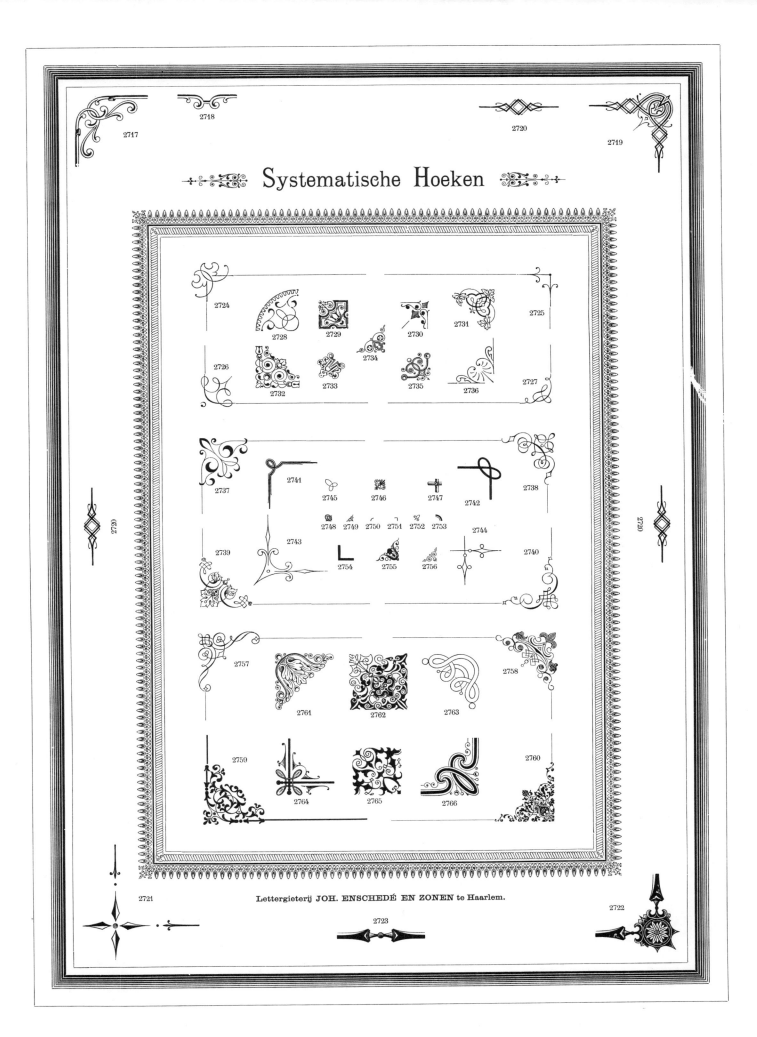

Systematische Hoeken

Lettergieterij JOH. ENSCHEDÉ EN ZONEN te Haarlem.

SAMENGESTELDE HOEKEN

JOH. ENSCHEDÉ EN ZONEN

Lettergieterij te Haarlem.

LETTERGIETERIJ JOH. ENSCHEDÉ & ZONEN TE HAARLEM

Systematische Hoeken

en Middenstukken

LETTERGIETERIJ JOH. ENSCHEDÉ & ZONEN TE HAARLEM

Systematische Hoeken

en Middenstukken

Systematische Hoeken

JOH. ENSCHEDÉ EN ZONEN

Lettergieterij te Haarlem.

FANTAISIE HOEKEN

uit de Lettergieterij van

Joh. Enschedé en Zonen te Haarlem.

TITELTREKKEN

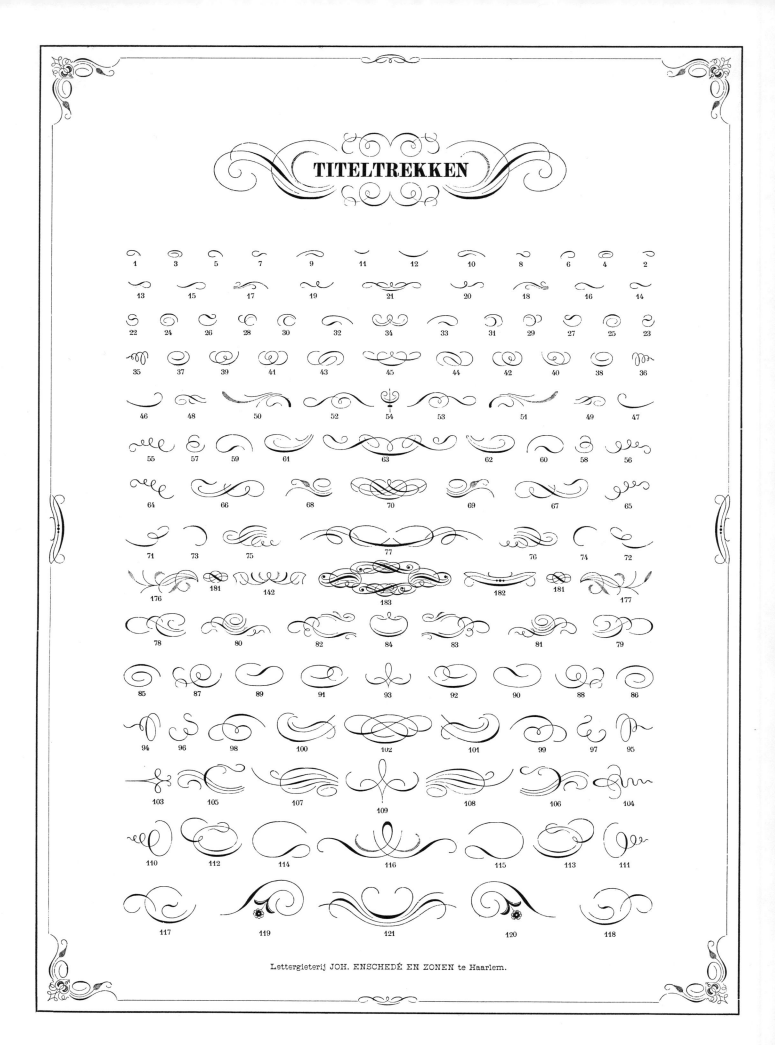

Lettergieterij JOH. ENSCHEDÉ EN ZONEN te Haarlem.

TITELTREKKEN

Lettergieterij JOH. ENSCHEDÉ EN ZONEN te Haarlem.

TITELTREKKEN

163 165 167 166 164

168 170 169

171 173 172

174 175

179 130 180

178

Lettergieterij JOH. ENSCHEDÉ EN ZONEN te Haarlem.

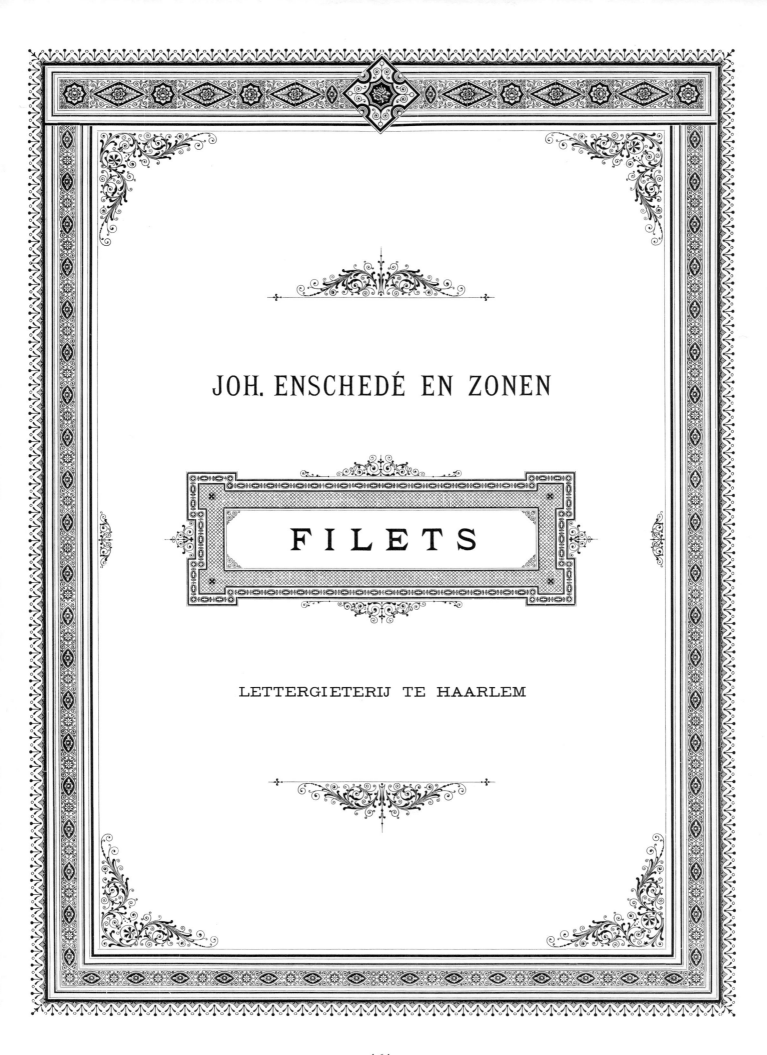

JOH. ENSCHEDÉ EN ZONEN

FILETS

LETTERGIETERIJ TE HAARLEM

FILETS

op 6 Punten

SERIE 1

1		$2\frac{1}{2}$
2		3
3		$3\frac{1}{2}$
4		$3\frac{1}{2}$
5		4
6		$4\frac{1}{2}$
7		$4\frac{1}{2}$
8		$4\frac{1}{2}$
9		5
10		5
11		5
12		6
13		6
14		$6\frac{1}{2}$
15		7
16		8
17		8
18		9
19		$9\frac{1}{2}$
20		$11\frac{1}{2}$
21		$12\frac{1}{2}$
22		13
23		$13\frac{1}{2}$
24		$14\frac{1}{2}$
25		17
26		$18\frac{1}{2}$
27		20
28		21
29		22
30		$24\frac{1}{2}$

Het eerste cijfer: Volgnummer. Het tweede cijfer: lengte in Augustijnen.

Lettergieterij JOH. ENSCHEDÉ EN ZONEN te Haarlem.

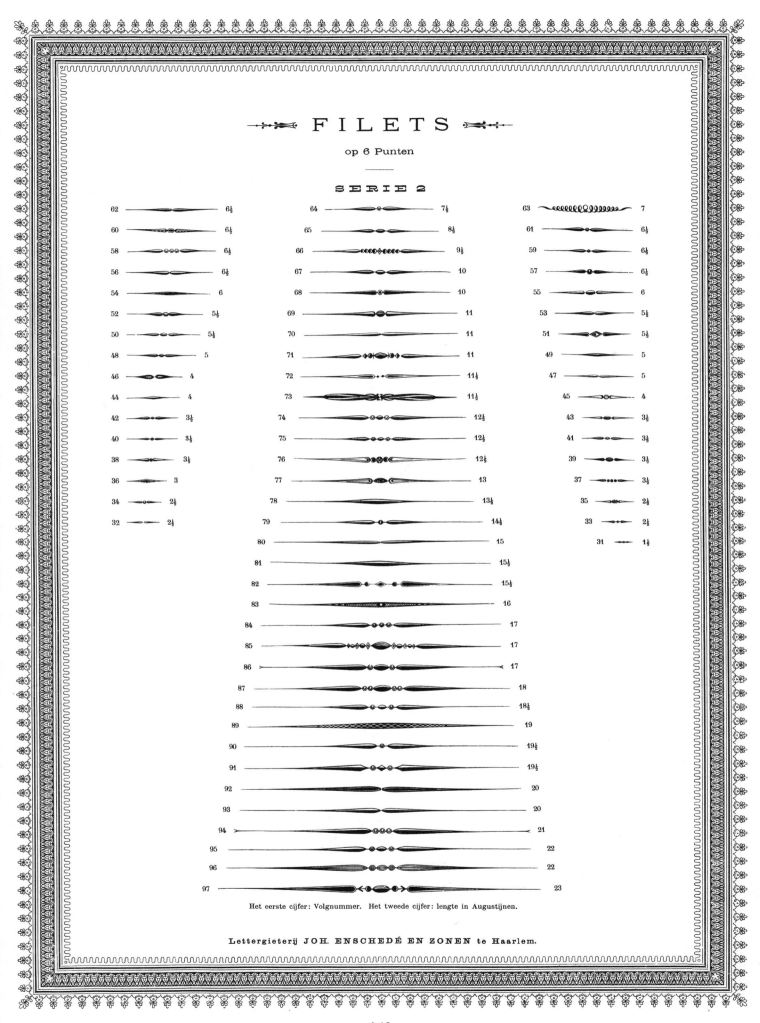

FILETS

op 6 Punten

SERIE 2

62 — 6½	64 — 7½	63 — 7
60 — 6½	65 — 8½	61 — 6½
58 — 6½	66 — 9½	59 — 6½
56 — 6½	67 — 10	57 — 6½
54 — 6	68 — 10	55 — 6
52 — 5½	69 — 11	53 — 5½
50 — 5½	70 — 11	51 — 5½
48 — 5	71 — 11	49 — 5
46 — 4	72 — 11½	47 — 5
44 — 4	73 — 11½	45 — 4
42 — 3½	74 — 12½	43 — 3½
40 — 3½	75 — 12½	41 — 3½
38 — 3½	76 — 12½	39 — 3½
36 — 3	77 — 13	37 — 3½
34 — 2½	78 — 13½	35 — 2½
32 — 2½	79 — 14½	33 — 2½
	80 — 15	31 — 1½
	81 — 15½	
	82 — 15½	
	83 — 16	
	84 — 17	
	85 — 17	
	86 — 17	
	87 — 18	
	88 — 18½	
	89 — 19	
	90 — 19½	
	91 — 19½	
	92 — 20	
	93 — 20	
	94 — 21	
	95 — 22	
	96 — 22	
	97 — 23	

Het eerste cijfer: Volgnummer. Het tweede cijfer: lengte in Augustijnen.

Lettergieterij JOH. ENSCHEDÉ EN ZONEN te Haarlem.

FILETS

op 6 Punten

SERIE 3

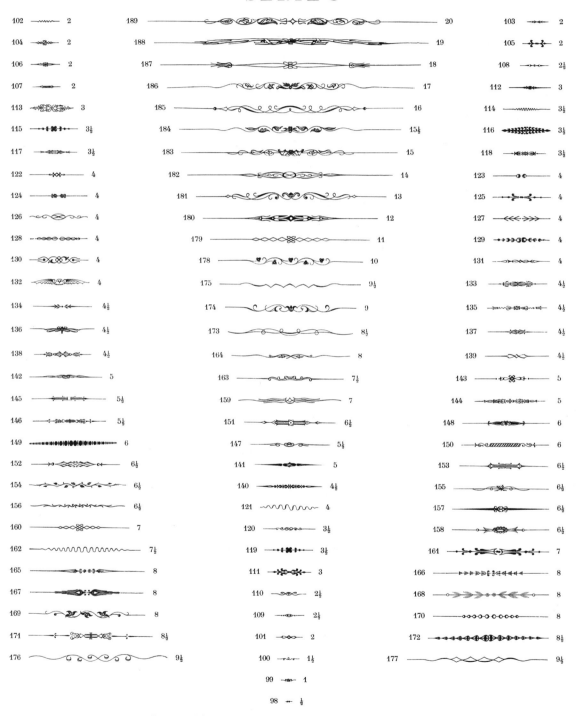

102 — 2	189 — 20	103 — 2
104 — 2	188 — 19	105 — 2
106 — 2	187 — 18	108 — 2½
107 — 2	186 — 17	112 — 3
113 — 3	185 — 16	114 — 3½
115 — 3½	184 — 15½	116 — 3½
117 — 3½	183 — 15	118 — 3½
122 — 4	182 — 14	123 — 4
124 — 4	181 — 13	125 — 4
126 — 4	180 — 12	127 — 4
128 — 4	179 — 11	129 — 4
130 — 4	178 — 10	131 — 4
132 — 4	175 — 9½	133 — 4½
134 — 4½	174 — 9	135 — 4½
136 — 4½	173 — 8½	137 — 4½
138 — 4½	164 — 8	139 — 4½
142 — 5	163 — 7½	143 — 5
145 — 5½	159 — 7	144 — 5
146 — 5½	151 — 6½	148 — 6
149 — 6	147 — 5½	150 — 6
152 — 6½	141 — 5	153 — 6½
154 — 6½	140 — 4½	155 — 6½
156 — 6½	121 — 4	157 — 6½
160 — 7	120 — 3½	158 — 6½
162 — 7½	119 — 3½	161 — 7
165 — 8	111 — 3	166 — 8
167 — 8	110 — 2½	168 — 8
169 — 8	109 — 2½	170 — 8
171 — 8½	101 — 2	172 — 8½
176 — 9½	100 — 1½	177 — 9½
	99 — 1	
	98 — ½	

Het eerste cijfer: Volgnummer. Het tweede cijfer: lengte in Augustijnen.

Lettergieterij JOH. ENSCHEDÉ EN ZONEN te Haarlem.

FILETS

SERIE 3

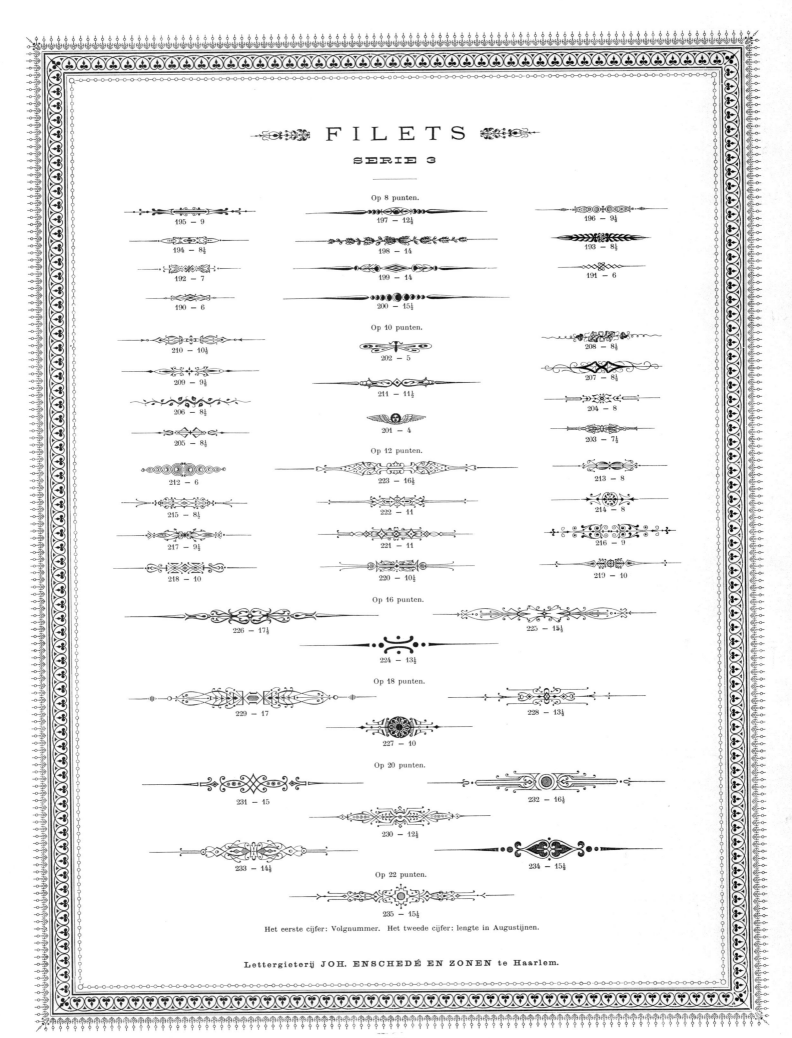

Op 8 punten.

195 — 9
197 — 12½
196 — 9¼

194 — 8½
198 — 14
193 — 8½

192 — 7
199 — 14
191 — 6

190 — 6
200 — 15½

Op 10 punten.

210 — 10½
202 — 5
208 — 8½

209 — 9½
211 — 11½
207 — 8½

206 — 8½
201 — 4
204 — 8

205 — 8½
203 — 7½

Op 12 punten.

212 — 6
223 — 16½
213 — 8

215 — 8½
222 — 11
214 — 8

217 — 9½
221 — 11
216 — 9

218 — 10
220 — 10½
219 — 10

Op 16 punten.

226 — 17½
225 — 15½

224 — 13½

Op 18 punten.

229 — 17
228 — 13½

227 — 10

Op 20 punten.

231 — 15
232 — 16½

230 — 12½

233 — 14½
234 — 15½

Op 22 punten.

235 — 15½

Het eerste cijfer: Volgnummer. Het tweede cijfer: lengte in Augustijnen.

Lettergieterij JOH. ENSCHEDÉ EN ZONEN te Haarlem.

FILETS

SERIE 4

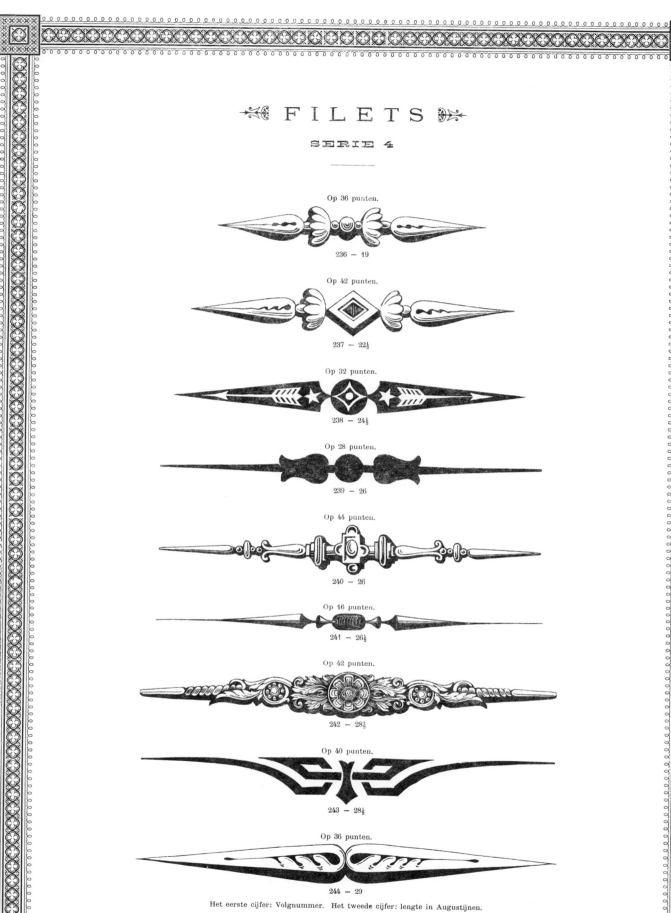

Op 36 punten.

236 — 19

Op 42 punten.

237 — 22½

Op 32 punten.

238 — 24½

Op 28 punten.

239 — 26

Op 44 punten.

240 — 26

Op 16 punten.

241 — 26½

Op 42 punten.

242 — 28½

Op 40 punten.

243 — 28½

Op 36 punten.

244 — 29

Het eerste cijfer: Volgnummer. Het tweede cijfer: lengte in Augustijnen.

Lettergieterij JOH. ENSCHEDÉ EN ZONEN te Haarlem.

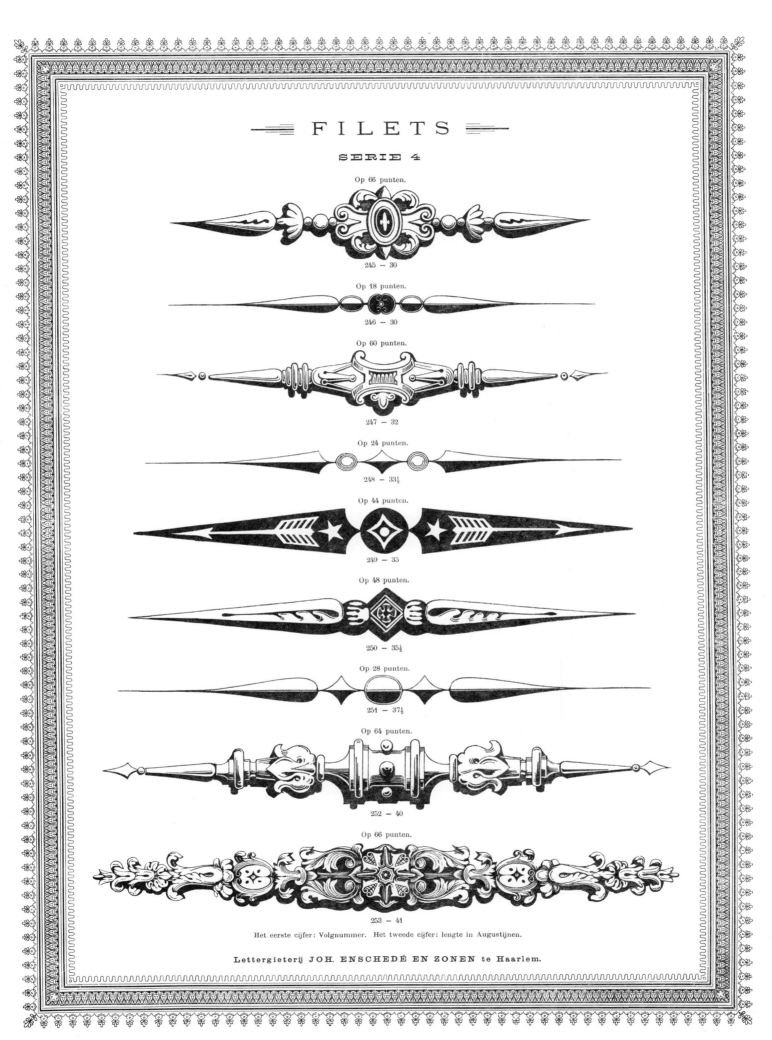

FILETS

SERIE 4

Op 66 punten.

245 — 30

Op 18 punten.

246 — 30

Op 60 punten.

247 — 32

Op 24 punten.

248 — 33½

Op 44 punten.

249 — 35

Op 48 punten.

250 — 35½

Op 28 punten.

251 — 37½

Op 64 punten.

252 — 40

Op 66 punten.

253 — 41

Het eerste cijfer: Volgnummer.   Het tweede cijfer: lengte in Augustijnen.

Lettergieterij JOH. ENSCHEDÉ EN ZONEN te Haarlem.

FILETS
SERIE 4

Op 48 punten.

254 — 42
Op 54 punten.

255 — 44
Op 36 punten.

256 — 45
Op 66 punten.

257 — 46
Op 48 punten.

258 — 46
Op 44 punten.

259 — 48

Het eerste cijfer: Volgnummer. Het tweede cijfer: lengte in Augustijnen.

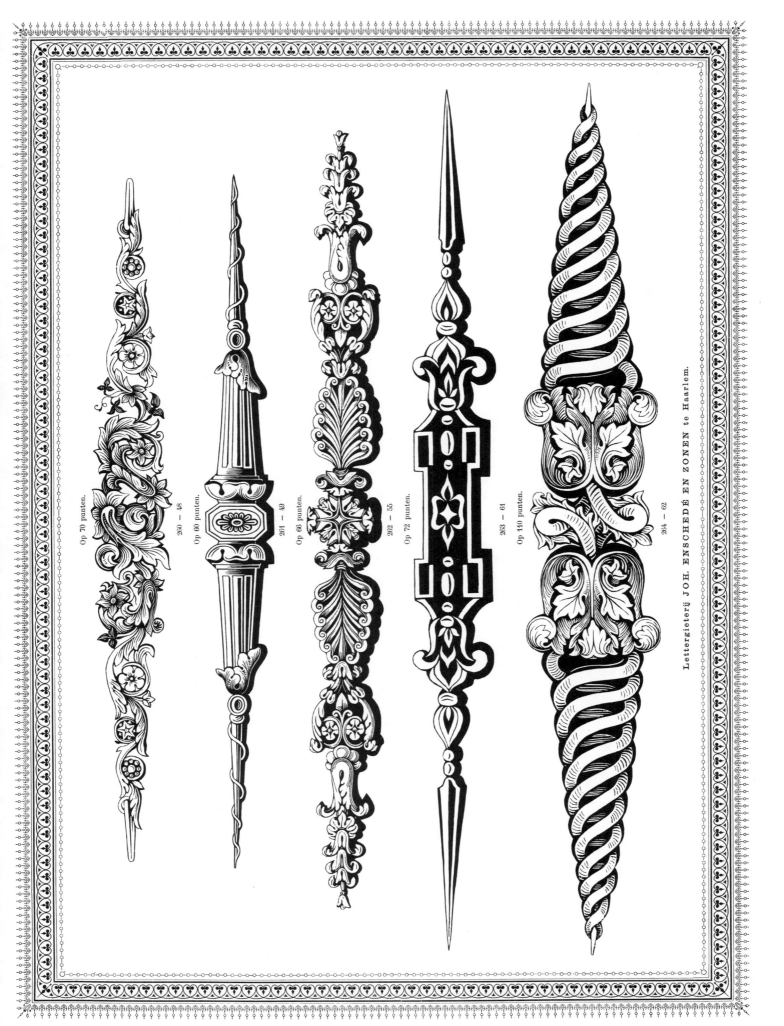

Op 70 punten.

260 — 48

Op 60 punten.

261 — 49

Op 66 punten.

262 — 55

Op 72 punten.

263 — 61

Op 110 punten.

264 — 62

Lettergieterij JOH. ENSCHEDÉ EN ZONEN te Haarlem.

SLUITSTUKKEN

Lettergieterij JOH. ENSCHEDÉ EN ZONEN te Haarlem.

SLUITSTUKKEN

306 308 307

309 311 313 312 310

314 316 317 315

318 319

321 322

323 320 324

325 327 326

328 330 332 331 329

333 335 334

ORA LABO ET RA

ORA ET LABORA

Lettergieterij JOH. ENSCHEDÉ EN ZONEN te Haarlem.

SLUITSTUKKEN

Lettergieterij JOH. ENSCHEDÉ EN ZONEN te Haarlem.

SLUITSTUKKEN

364
365
370
368
369
366
371
367
372
374
373
375
376
377
378
379
380
381
382

Lettergieterij JOH. ENSCHEDÉ EN ZONEN te Haarlem.

SLUITSTUKKEN

384

383

385

386

387

388

389

390

391

392

FINIS

393

Lettergieterij JOH. ENSCHEDÉ EN ZONEN te Haarlem.

SLUITSTUKKEN

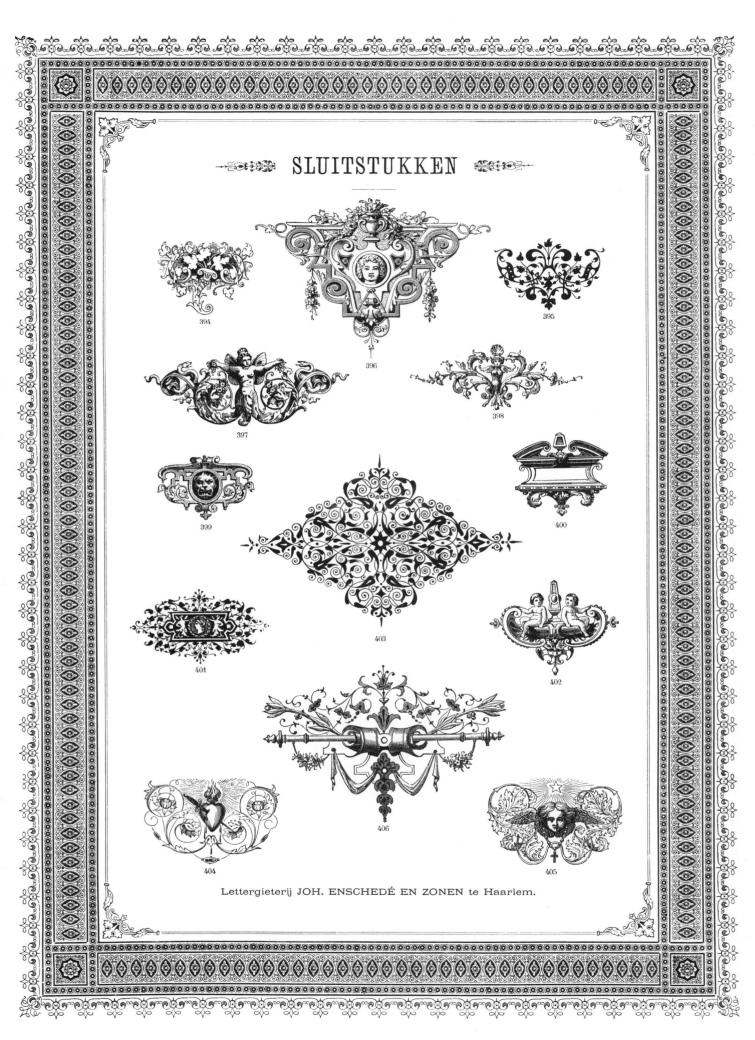

Lettergieterij JOH. ENSCHEDÉ EN ZONEN te Haarlem.

SLUITSTUKKEN

410

408

407

409

411

Lettergieterij JOH. ENSCHEDÉ EN ZONEN te Haarlem.

JOH. ENSCHEDÉ EN ZONEN

HOOFDLIJSTEN

LETTERGIETERIJ TE HAARLEM

HOOFDLIJSTEN

Lettergieterij JOH. ENSCHEDÉ EN ZONEN te Haarlem.

HOOFDLIJSTEN

18

19

20

21 22

23

24

25

26

Lettergieterij JOH. ENSCHEDÉ EN ZONEN te Haarlem.

HOOFDLIJSTEN

27

28

29

30

31

32

33

34

LETTERGIETERIJ JOH. ENSCHEDÉ EN ZONEN TE HAARLEM.

HOOFDLIJSTEN

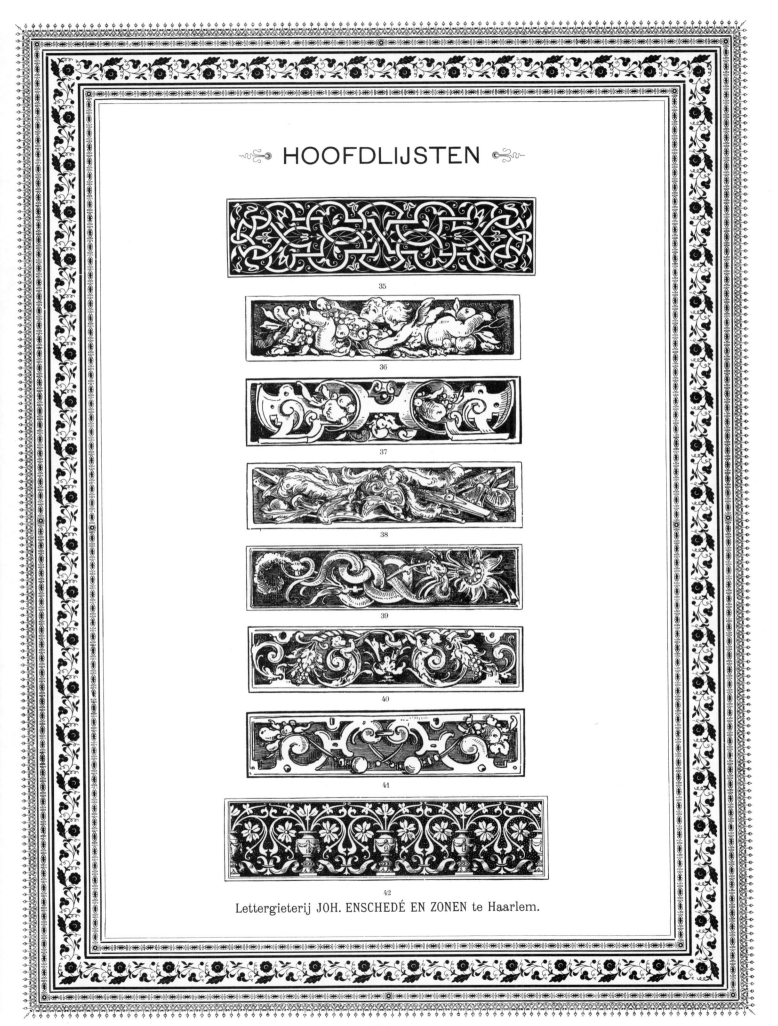

35

36

37

38

39

40

41

42

Lettergieterij JOH. ENSCHEDÉ EN ZONEN te Haarlem.

HOOFDLIJSTEN

43

44

45

46

47

48

Lettergieterij JOH. ENSCHEDÉ EN ZONEN te Haarlem.